JN078844

内申書を問う

教育評価研究からみた内申書問題

編　田中耕治　西岡加名恵

有斐閣

はじめに

　2022年3月に，地方テレビ局の報道特集で，「高校受験の内申書ホントに必要なの？」という番組が放送され，大きな反響を呼びました。さて，読者の皆さんは，どのようにお応えになるでしょうか。自らの高校受験や家族の内申書体験を振り返ってみて，多様な意見が出されることでしょう。

　まず確認したいことは，高校入試に関しては，法律で次のように規定されています。

　「高等学校の入学は，第78条の規定により送付された調査書その他の必要な書類，選抜のための学力検査（以下この条において『学力検査』という）の成績等を資料として行う入学者の選抜に基づいて，校長が許可する」（学校教育法施行規則第90条）。

　つまり，「調査書」は入試の選抜のために使用される書類であると規定されています。この「調査書」というのが，「内申書」のことです。本書では，特別の場合を除いて，通例に従って，「内申書」という用語を使用します。

　内申書とは，「保護者や子どもたちに内密に申告する書類」という意味で使われています。この「内密に申告する」ところに，内申書に対する保護者や子どもたちからの不安や疑念が生まれてきました。さらには，内申書は，高校入試においてどの程度有効なのかと問われてきました。

　本書は，おもに教育評価研究を専門とする者たちが集い，あたかもブラックボックスのような内申書にさまざまな角度からスポットライトをあて，その不安や疑念の在りかを明らかにするとともに，

これから期待される内申書の在り方を示そうとするものです。

本書の構成

　まず第1章では，何よりも内申書の現状や実相を明らかにすべく，全国調査の結果を報告しています。第2章では，なぜ内申書が入学試験に登場してきたのかを明らかにするとともに，今日に至るまでの内申書に関する問題史を概説しています。

　21世紀に入り，内申書に「目標に準拠した評価（俗称「絶対評価」）」が採用されるようになって，内申書の在り方が大きく問われました。第3章では，そもそも入試とは何か，今日の変化しつつある高校入試の現状を踏まえて，内申書の立ち位置はどうなるのかを問うています。

　第4章では，内申書問題が社会問題化する契機となった「内申書裁判」の論点が整理されています。第5章では，内申書のなかの，とくに教科学力を対象とする「内申点」がどのように付けられているのかを考察しています。第6章では，これも内申書問題において争点となることが多かった教科外活動における評価の在り方が考究されています。そして，第7章では，内申書問題に常にまとわり付いてきた中学校間格差の問題にいかに挑んだのかについて，その当事者でもある著者から「乙訓スタンダードづくり」の実践が報告されています。

　さらには，内申書の今後の在り方を模索するために，イギリス（第8章）とフランス（第9章）並びに国際バカロレア（第10章）の経験が紹介されています。日本における「内申書」問題を世界レベルで鳥瞰し，対象化するためにも参考になるでしょう。

　本書によって，不安や疑念の対象となっていた内申書にさまざまな観点からスポットライトを当てることを通して，高校入試におけ

る内申書の在り方に関する論議が巻き起こり，深まることを期待するものです。

本書の使い方

　本書では，内申書問題をより理解する一助となるように，いくつかの資料を用意しています。

　iv 頁の資料 0-1 は，よくある内申書（県立高校入学志願者調査書）の項目をもとに作成した，内申書の一例です。内申書の書式はどのようなものなのか，どういった項目が記載されるのか，確認してみてください。

　vi 頁の内申書にまつわる疑問では，保護者・子ども・教師が抱くであろう率直な疑問を取り上げ，その論点や答えを示す章を案内しています。気になった章から読み進めていくのもよいでしょう。

　巻末には用語解説を設けています。内申書や教育評価にまつわる基本的な概念は，こちらを参照してください。

　最後になりましたが，本書の公刊に際しまして，およそ 1 年有余に及ぶ編集会議を粘り強くサポートいただきました有斐閣ならびに編集担当者の中村さやかさんと猪石有希さんにあらためて深く感謝申し上げます。

　2024 年 5 月

執筆者一同

各種資料を，有斐閣 HP 内の本書誌情報ページにて提供いたします（右のQR コードからもご覧いただけます）。
https://www.yuhikaku.co.jp/books/detail/9784641174979

資料 0-1　ある都道府県の県立高等学校入学志願者調査書

	ふりがな			性　別	
志願者	氏　名				学校内外での活動・部活動等の記録
	生年月日	平成　　　年　　　月　　　日生			
	卒業等	令和 6 年 3 月卒見込 　　年 3 月卒			
	転　入	令和　　年　　月　　県 (学校名)			

	項目＼学年	欠席日数	備　　考	学校内外での活動・部活動等の記録
出欠の記録	1　年			
	2　年			
	3　年			

	内　容	状　況	事実及び所見	受検上配慮すべき事項
特別活動の記録	学　級活　動			
	生徒会活　動			
	学　校行　事			

	項　目	状況	項　目	状況	
行動の記録	基本的な生活習慣		勤労・奉仕		この記載事項に相違ないことを証明します。
	健康・体力の向上		公正・公平		令和　　　年　　　月　　　日
	自主・自律		公共心・公徳心		
	責任感				学校名
	創意工夫				
	思いやり・協力				校長氏名　　　　　　　㊞
	生命尊重・自然愛護				

	教科	観 点 別 学 習 状 況				評　定		
		観　　　　　　　点	1年	2年	3年	1年	2年	3年
各	国　語	知識・技能						
		思考・判断・表現						
		主体的に学習に取り組む態度						
教	社　会	知識・技能						
		思考・判断・表現						
		主体的に学習に取り組む態度						
	数　学	知識・技能						
		思考・判断・表現						
		主体的に学習に取り組む態度						
科	理　科	知識・技能						
		思考・判断・表現						
		主体的に学習に取り組む態度						
	音　楽	知識・技能						
		思考・判断・表現						
		主体的に学習に取り組む態度						
の	美　術	知識・技能						
		思考・判断・表現						
		主体的に学習に取り組む態度						
	保　健	知識・技能						
	体　育	思考・判断・表現						
		主体的に学習に取り組む態度						
学	技術・	知識・技能						
	家　庭	思考・判断・表現						
		主体的に学習に取り組む態度						
	外国語	知識・技能						
	(英　語)	思考・判断・表現						
		主体的に学習に取り組む態度						

学校名　　　　　　　　　　　　　志願者氏名

選　択	教　　　　　　　科		評　定	
教　科				

総合的な学習の時間に関する記録	学 習 に 関 す る 特 記 事 項

（左縦見出し：各教科の学習の記録）

内申書にまつわる疑問

執筆者紹介

● 編　　者

田中耕治（たなか　こうじ）　　　　　　　　担当　第2章，終章
現　在　佛教大学教育学部客員教授，京都大学名誉教授
主　著　『「教育評価」の基礎的研究──「シカゴ学派」に学ぶ』（単著）ミネルヴァ
　　　　書房，2022年；『新しい教育評価入門──人を育てる評価のために〔増補版〕』（共
　　　　編著）有斐閣，2022年。

西岡加名恵（にしおか　かなえ）　　　　　　担当　第3章，**Column 2，3**
現　在　京都大学大学院教育学研究科教授
主　著　『教科と総合学習のカリキュラム設計──パフォーマンス評価をどう活かす
　　　　か』（単著）図書文化，2016年；『新しい時代の教育課程〔第5版〕』（共著）有斐
　　　　閣，2023年。

● 執　筆　者

次橋秀樹（つぎはし　ひでき）　　　　　　　担当　第1，10章，**Column 1**
現　在　京都芸術大学芸術学部准教授
主　著　『教育課程・教育評価』（分担執筆）ミネルヴァ書房，2018年；「A. D. C.
　　　　ピーターソンのカリキュラム構想に見る一般教育観──シックス・フォーム改革案
　　　　から国際バカロレアへの連続性に注目して」『カリキュラム研究』第26号，1-13，
　　　　2017年。

奥村好美（おくむら　よしみ）　　　　　　　担当　第4章
現　在　京都大学大学院教育学研究科准教授
主　著　『〈教育の自由〉と学校評価──現代オランダの模索』（単著）京都大学学術
　　　　出版会，2016年；『「逆向き設計」実践ガイドブック──「理解をもたらすカリ
　　　　キュラム設計」を読む・活かす・共有する』（共編著）日本標準，2020年。

赤沢真世（あかざわ　まさよ）　　　　　　　　　　　　　担当　第5章

現　在　佛教大学教育学部准教授

主　著　『小学校 外国語科・外国語活動の授業づくり』（編著）教育出版，2022年；『時代を拓いた教師たちⅢ——実践記録で紡ぐ戦前教育実践への扉』（分担執筆）日本標準，2023年。

川地亜弥子（かわじ　あやこ）　　　　　　　　　　　　　担当　第6章

現　在　神戸大学大学院人間発達環境学研究科准教授

主　著　『子どもとつくるわくわく実践——ねがいひろがる教育・保育・療育』（単著）全国障害者問題研究会出版部，2022年；『時代を拓いた教師たちⅢ——実践記録で紡ぐ戦前教育実践への扉』（共編著）日本標準，2023年。

盛永俊弘（もりなが　としひろ）　　　　　　　　　　　　担当　第7章

現　在　佛教大学教育学部特任教授

主　著　『子どもたちを"座標軸"にした学校づくり——授業を変えるカリキュラム・マネジメント』（単著）日本標準，2017年；『学級経営の理論と方法』（分担執筆）ミネルヴァ書房，2022年。

二宮衆一（にのみや　しゅういち）　　　　　　　　　　　担当　第8章

現　在　和歌山大学教育学部教授

主　著　『グローバル化時代の教育評価改革——日本・アジア・欧米を結ぶ』（分担執筆）日本標準，2016年；『変動する総合・探究学習——欧米と日本　歴史と現在』（分担執筆）大修館書店，2023年。

細尾萌子（ほそお　もえこ）　　　　　　　　　　　　　　担当　第9章

現　在　立命館大学文学部准教授

主　著　『フランスでは学力をどう評価してきたか——教養とコンピテンシーのあいだ』（単著）ミネルヴァ書房，2017年；『教育課程・教育評価』（共編著）ミネルヴァ書房，2018年。

目　　次

第2部　内申書問題とその解決に向けて

第3章　学校間接続と内申書
──内申書に期待される役割とは何か ······················ 50

第4章　内申書の開示問題
──内申書は見ることができるのか ························· 72

学校教育活動だが教育課程外の部活動（120） 子どもの権利を保障
することと選抜資料にすること（123） 生徒の自己評価と内申書
（123）

教育課程上に位置づけられていた時代があった（124） 教育課程外
と位置づけられても学校活動として重視された（126） 学校内から
地域連携・地域移行へ，成果至上主義から居場所や楽しさ重視へ
（128）
ま と め （129）

は じ め に （133）
全国学力・学習状況調査に見る「学校間格差」の実態（133） なぜ
中学校間の学力格差が問題視され始めたのか（135） 学校間の学力
格差はなぜ生じるのか（135）
入試の基本原則と内申書の役割（139） 内申書の学校間格差などへ
の対応（140）
学校間格差改善の視点（144） 地域で「評価の統一性」に取り組む
（145） 評価の統一性の実践事例——乙訓スタンダード（146） 学校
"内"の学力格差を縮小する実践事例（152）
ま と め （155）

第1部

内申書の現状と課題

Chapter 1 内申書の現状
実態はどうなっているのか

はじめに

　「内申書」は，そこに記載されている各教科の**評定**を中心に，現在すべての公立高校入試において何らかの影響力を付与されています。しかし，評定以外の記載項目も含め，その様式は都道府県ごとに異なります。また，学年・教科の評定の比重，学力検査との比重など，内申書のどの部分を入試でどのように用いるかについては全国的な決まりはなく，きわめて多様なパターンが存在します。さらに，内申書の様式や用い方について細かく一般にまで公開している自治体もあれば，受験生や保護者には非公開で不透明な部分の多い自治体もあります。

　したがって，内申書を全国で一律のものとして捉えること，あるいは安易に一般化して捉えることには慎重にならなければなりません。

　一方で，このような内申書がもつ多様性は，長らく内申書に関する全国的な議論を阻んできましたし，不透明性はときに誤解や不安を誘発してきました。そこで本章では，2023（令和5）年度の47都道府県の公立高校入試の内申書の様式や，最も多くの入学定員をもつ選抜方式の実例を確認することを通して，現在の高校入試における内申書とはどのようなもので，どのように用いられているのかについて，なるべく共通点や相違点を見出しながら，実態の概要をつかみたいと思います。そのうえで，最後に内申書問題の現状を考察します。

📖 1　内申書とは何か

　まず，言葉の確認をしておきましょう。一般的にいわれている「内申書」とは，公的には「**調査書**」（学校教育法施行規則第78条並びに第90条）とされるものです。公的な文書，例えば高校入試の決まりや手順を示した入学者選抜実施要項（選抜要項）等では，「内申書」という言葉は一切用いられていません。47都道府県の2023年度選抜要項を見ますと，「調査書」の名称を用いていないのは滋賀県・島根県（いずれも「個人調査報告書」）と，京都府（「報告書」）の3府県しかありません。ほかは「調査書」もしくは「個人調査」や「入学志願者調査書」のように表記されています。この「調査書」は，その呼び方はもとより，記載項目についての取り決めについても全国で統一的なルールはありません。調査書は基本的には文部科学省が示す中学校生徒指導要録（**指導要録**，ウェブサポート参照）に似た様式を取りつつ，都道府県単位で独自に作成されています[1]。

　また，いわゆる「内申点」という言葉も公的には使われていません。「調査書の評定（の合計）」，「調査書の得点」，「調査書点」などと呼ばれています。ただし，第3節で詳述しますが，「内申点」は9教科の評定から構成される場合がほとんどであるものの，地域によっては各教科の評定以外に**特別活動**等を点数化して含む場合があるため，必ずしも「内申点」は「評定（の合計）」と同義とは限りません[2]。

　このように，公的文書と一般的に使われている言葉に，ずれがあったり，定義が定まっていなかったりするという実情がありますが，本章では，調査書を「内申書」，評定を中心に調査書の記載事項を点数化したものを「内申点」として，統一的に表記します。

高校入試においても，入試方法の多様化と評価尺度の多元化が進められています。内申書は，学力検査だけでは見取ることのできない資質・能力や，中学校で実際に指導にあたった教員自身からの長期的な視野での評価，学力検査を行っていない教科の学力などが確認できるという特長をもっています。すべての都道府県の公立高校入試で，最も多くの定員をもつ選抜方式においては，いずれもこの内申書と学力検査の成績の両方が受験生の選抜に用いられています。

2　内申書には何が記載されているのか

一般的な記載項目と独自性のある記載項目

　高校入試における内申書は多様で，どのような記載項目があるかは，都道府県によって異なります。ほとんどの都道府県では，内申書の様式は教育委員会などのウェブサイト上で選抜要項などとともに一般にも公開されています。筆者が調べた限り 2023 年度入試において，47 都道府県のうち最新年度の内申書の実際の様式をウェブサイト上で広く一般に公開していないのは，福井県，滋賀県，山口県の 3 つしかありません[3]。

　本書冒頭の調査書（資料 0-1）は，2023 年度入試における佐賀県の調査書です。佐賀県の調査書は，サイズは A4 で，左側の表が表面に，右側の表が裏面に印刷されています。片面印刷のみの都道府県が多いなか，両面を使い記載項目も多い様式といえますが，「志願者氏名」「生年月日」「出欠の記録（日数と欠席理由）」「行動の記録」「各教科の学習の記録（評定）」「特別活動の記録」「総合的な学習の時間に関する記録」「学習に関する特記事項」といった欄は他の都道府県でもよく見られる一般的な項目です。欄の内外に，日付，中学校長や記入責任者の氏名を記入するのも通例となっています[4]。

　佐賀県の特徴的な点を挙げれば，「学校内外での活動・部活動等の記録」の記入欄が大きいことと，よく見られる「健康の状況」に関する欄が，広く学校生活上で配慮を必要とする事項を記入するのではなく，「受検上配慮すべき事項」として入試場面での配慮に限定されていることです。内申書の項目は，このように都道府県で独自性をもつ場合があります。例えば，「体力テスト」（茨城県），「新体力テストの記録」（岡山県）や，「趣味・特技」（富山県），「長所・特技等の記録」（福島県：特技の欄は複数見られますが，趣味は富山県，長所は福島県のみ），「奉仕活動等」と「視力」「聴力」（宮崎県），「ボランティア活動等」（和歌山県）は，ほかに例がありません。一方，佐賀県には見られないものの全国的によく見られるのは，「総合所見」欄です。このほか，評定の合計を計算して記入する欄を設けているケースも珍しくありません。

　また，かつては保護者の氏名・住所，生徒の現住所欄や中学校を卒業してからの現況（すぐに進学しなかった場合）を書く欄も多くの都道府県にあり，ほぼ共通記載項目になっていましたが，現在では数を減らしています。このように，時代の移り変わりによって，内申書の記載事項も変化しています。

「内申書に記載項目がある＝選抜に利用」ではない

　内申書を見ていくなかで注意しておきたいのは，内申書に記入欄が設けられているからといって，それらがすべて選抜に用いられるとは限らない，という点です。

　例えば，資料0-1を含め，全国の多くの内申書では――様式がウェブサイト上で公開されていない3県を除く44都道府県中，31の都府県において――「観点別学習状況の評価」（観点別評価）の記入欄があります。しかし，それぞれの選抜要項を見る限り，現状で

は最も定員の多い選抜方式でこの「観点別評価」を独自に得点化することを記したものはありません[5]。つまり「観点別評価」については，記入欄があっても内申点に加算されない項目ということになります。このように，内申書に記載されているものの，基本的には選抜には用いられない項目がたくさんあります。

　これらの項目は，本当に用いられていないのでしょうか。多様な様式とともに内申書をわかりにくくしているもう１つのポイントになっているのが，選抜要項にはしばしば「各教科の学習の記録（評定）のみにとらわれず（調査書の記載内容を）総合的に考慮／判断／評価して」（圏点は筆者による）という表現が見られることです。その一方で，この「総合的に」とは具体的にどの記載項目をどのように評価することなのかは明らかにされません。これによって，すべての記載項目が点数にはならないにしても，「まったく見ていないわけではないぞ」という，合格・不合格の判断材料になり得るという含みをもたせているようにも受けとめることができます。

　しかし，実際に詳細な選抜基準まで記述している都道府県の選抜要項を丁寧に読んでいくと，内申点として得点化されるのはほとんどが各教科の評定の部分だけであること，そして最も定員の多い選抜方式においては，ほとんどの受験生がこの内申点と学力検査の得点によって選抜されていると読み取ることができます。

「選抜に必要な項目のみ」を内申書の記載項目にした例

　最近になって，このような，どの記載項目が「選抜」に用いられ，どの記載項目が用いられていないのかということを考えるうえで，大きなヒントを１つの内申書改革が与えてくれました。広島県では，内申書の記載項目をシンプルにするという改革が 2023 年度からの入試制度改革の一環として行われ，記載項目が一気に減りました

（資料 1-1 左側が 2022 年度，右側が 2023 年度）。

この改革の目的の 1 つは，教員の負担軽減とされています。注目したいのは，広島県が作成した各種資料に見られる「新しい入学者選抜制度の 4 つのポイント」に「受検生が通う中学校の校長が作成する調査書に記載する内容を，選抜に必要な項目（志望校・氏名・性別・学習の記録〔評定〕）のみとします」（広島県教育委員会・広島市教育委員会・呉市教育委員会・尾道市教育委員会・福山市教育委員会，2022。下線は筆者による，以下同）と書かれていることです。つまり，広島県では，2022 年度の内申書にはあったけれども，削除することにした「観点別評価」や「行動の記録」「総合的な学習の時間の記録」「特別活動の記録」「スポーツ・文化・ボランティア活動等の記録」といった項目は，少なくとも 2023 年度の選抜を行うためには必要がない（選抜に影響を及ぼさない）項目であると認めています。2022 年度の選抜要項には「調査書中の学習の記録の観点別学習状況，特別活動の記録，総合的な学習の時間の記録及び他の記載事項については，選抜の資料として活用する」という文言が見られました。

なお，2023 年度から削除した項目については，代わりに受検生自身が「自己表現カード」を作成し，個人ごとの面談形式で「自分自身のこと（得意なことやこれまで取り組んできたことなど）や高等学校に入学した後の目標などについて，自分で選んだ言葉や方法で表現」することになりました。

もう 1 つこの内申書改革で注目したいのが，「欠席の記録」欄も削除されている点です。これによって広島県では欠席日数は選抜に影響しないということも明らかになりました。このように欠席の記録欄のない内申書は，公開されている限り 2023 年度ではほかに神奈川県と大阪府と奈良県にしかありません。実際には，進学を難しくする要因としては，欠席日数やその理由よりも，普段の授業や定

資料1-1 広島県における調査書記載内容の変更

④

様式第8号

選抜（Ⅱ），選抜（Ⅲ），帰国及び外国人選抜，秋季選抜（定時制の課程）用

調　査　書

令和　　年　　月　　日

＿＿＿＿＿＿＿＿＿＿＿高等学校長様

中学校長　氏名 ＿＿＿＿＿＿＿＿＿＿　印

記載責任者氏名 ＿＿＿＿＿＿＿＿＿＿

| 課程 | | 本・分校 | | 校 | | | ＿＿＿＿＿＿ | | | | | | |

| 学科等 | | | 科 | 令和　　年度 第3学年 | | | | 番号 | | 氏名 | | | 性別 | |
| | | | コース | | | | 組 | | | | | | |

学習の記録	必修教科	教科名	国語	社会	数学	理科	音楽	美術	保健体育	技術・家庭	外国語	特別活動の記録（学級活動・生徒会活動・学校行事）
		観点別（1・2年） ①										
		②										
		③										
		④										
		⑤										
		観点別（3年） ①										
		②										
		③										
		評定 1年										
		2年										
		3年										
		計										
		合計										スポーツ・文化・ボランティア活動等の記録
	選択教科	教科名										
		評定 1年										
		2年										
		3年										

| 行動の記録 | 基本 | 健康 | 自主 | 責任 | 創意 | 思い | 生命 | 勤労 | 公平 | 公共 | |

| 欠席 | 学年 | 1年 | 2年 | 3年 | 計 | 主な理由 | |
| | 日数 | | | | | | |

総合的な学習の時間の記録

備　　　考

⑤

様式第2号

調　査　書

令和　　年　　月　　日

＿＿＿＿＿＿＿＿＿＿高等学校長様

中学校長　氏名＿＿＿＿＿＿＿＿＿＿　㊞

記載責任者氏名＿＿＿＿＿＿＿＿＿＿

課程		本・分校		校		学科等		科 コース					
令和　　年度　第3学年			組	番号		氏名						性別	

学習の記録	必修教科	評定	教科名	国語	社会	数学	理科	音楽	美術	保健体育	技術・家庭	外国語
			1年									
			2年									
			3年									
			計(/25)									
										合計(/225)		

備　　考

※特別支援学級等に在籍する生徒で，評定を記述形式で記入している場合等に記載する。

(注) 左は 2022 年度，右は 2023 年度。
(出所) 広島県教育委員会ウェブサイト。

期考査などの欠席によって評定が下がるということも考えられます。しかし欠席の記録欄があれば，不登校を経験している生徒やその保護者，中学教員らがその影響について不安を感じることはあるでしょう。例えば千葉県の高校の場合は，「3年間の欠席日数の合計が60日以上の場合は，審議の対象とする」（県立千葉高校）のように学校ごとに「出欠の記録」の取り扱いについてのルールが明記されていますが，これはかなり稀な例です。多くの場合は，影響があるのかどうかもわかりません。また，千葉県であっても，どのような審議があって，どのように判断が下される場合があるのかまでは明らかにされていません。[6]

　このようにして，広島県は，内申書は基本的に各教科の評定だけが内申点として選抜に影響を与える，ということを明確化しました。広島県教育委員会（2023）の報告書では，この簡素化によって教員の内申書作成における負担軽減に成果があったことを述べるとともに，以前と比べ「入学者選抜の判断への影響が不透明であるとの指摘もあった調査書の取扱いについて，透明性・客観性を高めることができた」という振り返りや，関係団体等からの意見として「中学校3か年の欠席日数が記述されない調査書は，欠席日数が入試に無関係であるという大きなメッセージとして届いたと考える。（調査書に欠席日数を書かないことを理由に，公立を受検した生徒もいた。）」という肯定的な声を見ることができます。

内申書は誰にとって不透明なのか

　このように新たな動きはあるものの，ここまで見てきた通り，内申書には，「総合的に」という言葉や欠席日数のように，取り扱いが不透明な部分が今なお残っています。この内申書のもつ不透明さが，「内申書に書くぞ」「内申に響くぞ」という教員からの脅しのよ

うなかたちで生徒を抑圧する力を後押しすることにつながったという一面をもつ可能性があることは否定できません。また，今なお内申書の影響力についての中学生や保護者の不安をかきたてる要因にもなっているといえそうです。

　ところで，内申点には，生徒や保護者だけでなく，受験生を受け入れる高校側の立場からも，不透明で不安に感じる要素があります。それは，各中学校における評価基準がわからないため，評価がどれほど信頼できるものなのかを確かめようがないことです。

　異なる中学校間における同じ評定が，はたして同じ学力を担保しているのかどうかという疑いのほか，とりわけ相対評価から「目標に準拠した評価」に変わったなかでは，特定の中学校や教科によって5段階の5の評定が多いなど評定の割合に偏りがあるのではないか，といった妥当性・公平性への疑いが新たに生じます。

　そこで，47都道府県のうち直接確認できる限りでも半数以上が，「評定分布表」や「成績一覧表」といった名称で，卒業見込者全員の評定やその分布を記入した用紙を各中学校で作成することと，これらを教育委員会や高校に提出することを義務づけているほか，自治体によっては中学校個別レベルで評定の分布を一般にも公表しています（第7章参照）。これらの表の作成は，高校にとっては一定の信頼性を付与する一方で，中学校教員による評定に一定の抑制的な影響を与えることが容易に予想できます。

3　内申書のどこが，どのように選抜に用いられるのか

　内申書の様式は全国で多様に異なると述べてきましたが，各都道府県内の公立高校入試においては統一されています。しかし，この内申書をどのように選抜（合否判定）に用いるのかを見ていくと，

図 1-1　内申点として評価する学年

□ 1・2・3 年
▨ 2・3 年
■ 3 年のみ

(注) 選抜要項等で評価する学年を明記していない
　　場合は，調査書に評定を記載する学年で振り
　　分けている。
(出所) 全都道府県の 2023 年度「入学者選抜実施
　　要項」をもとに作成。

同じ都道府県内であってもいくつかのパターンがあったり，高校や学科・コースによって異なっていたりするなど，さらに多様になっていきます。

　すでに述べたように，内申書において選抜に用いられるのは，ほとんどの場合，9 教科の評定から算出される内申点です。ただし，この内申点の内訳を見ると，教科の比重，学年の比重が異なります。少数ながら，特別活動などの教科外活動を点数化する県や学校もあります。さらに，内申書と学力検査との比重にも違いがあります。

　また，選抜方法も一様ではありません。後ほど詳細を述べますが，内申点をそのまま学力検査の得点と合算するパターンもあれば，内申点と学力検査の得点をそれぞれ点数順に並べて上位から相関的に選抜していくパターンなどもあります。

　本節では，これら内申書のどこが，どのように用いられているのかについて，選抜要項等に公開されている情報をもとに整理していきます。

何が内申点になるのか

　まず，内申点として用いる（点数化する）学年を都道府県別に見ると，1・2・3 年次すべてが 33（70％），3 年次のみが 11（23％），

2・3年次が3（6%），となっていて，分布は図1-1のようになっています。ここまでは様式同様に都道府県単位で統一されています。

さらに，複数学年の成績（指導要録の評定）を合計する府県のなかには，例えば3年次の評定を2倍にする（神奈川県・石川県・岐阜県・奈良県・和歌山県・島根県・広島県・熊本県・大分県）など，学年によって重みづけ（比重）を変えているケー

図1-2　科目による内申点の重みづけの有無

□ なし
　（9教科均等）
■ あり

（注）学校・学科・コース別にではなく，都道府県内の共通基準として，科目の評定に重みづけを行っていることを選抜要項等で明らかにしている場合のみを「あり」としている。
（出所）全都道府県の2023年度「入学者選抜実施要項」をもとに作成。

スが半分程度あります。また，学年の重みづけを学校単位でさまざまなパターンに変えているケースもあります（埼玉県）。いずれも，3年次の評定が大きくなる傾向があります。

次に教科を見ていきましょう。一般選抜において内申点として点数化されるのは，基本的に国語，社会，数学，理科，外国語の5教科と，音楽，美術，保健体育，技術・家庭の4つの実技教科を合わせた9教科です。そして，都道府県単位の設定状況で見ると，9教科のすべてを均等に評価する場合が32（68%），教科によって比重を変える場合が15（32%）あります。

都道府県内で統一して比重を変える場合（図1-2中，グレーの自治体）は，学力検査を行わない教科である実技教科を5教科の2倍に

するケースが多く（宮城県・秋田県・福島県・東京都・京都府・鳥取県・岡山県。徳島県・高知県・大分県は3年次のみ2倍），なかには実技教科を5教科の10倍にするケース（鹿児島県）や，5教科を1年次は2倍，2年次は4倍，3年次は6倍にして，実技教科を1年次は3倍，2年次は6倍，3年次は9倍にそれぞれ換算する（岩手県）といったように，教科と学年の比重をともに変えたうえで組み合わせるケースも見られます。

とくに，この教科の比重については，都道府県内ですべて統一されているとは限らず，学校やコースによって特色を設けている場合が多くあります。例えば，国際コースなどでは英語，理数コースなどでは理科や数学の比重が，同じ高校であっても高めに設定される傾向があります。

また，特別活動等については，選抜要項の記載を読む限り，最も定員の多い一般選抜では内申点に加算されることはあまり多くありません。しかし，例外的に，富山県と山梨県と島根県は，特別活動等を県全体の共通ルールとして点数化しています。島根県の場合，9教科の1・2年次の評定の合計90点に，同じく3年次の評定を2倍した90点を加えてこれを51点に換算，そこに学級活動・生徒会活動・学校行事を各3点（合計9点）加算し，内申点を60点満点としています（学力検査との比重が高校によって異なるため，60点という満点値は変わりますが，9教科の評定51点と学級活動等9点という比そのものは変わりません）。

上の例とは別に，福島県や埼玉県や佐賀県のように，学校裁量によって各高校が内申点とテストの比重を独自に設定するとともに，内申点に特別活動等の，各教科の評定以外の記載事項を点数化して加味するかどうかの決定を委ねられているケースもあります。各高校がとくに多様な選抜基準を設定している埼玉県では，学校によっ

て「どの程度」という基準については異なりつつも，全県的に「学習の記録の得点［筆者注（以下同）：評定］」「特別活動等の記録の得点」「その他の項目の得点［検定・資格等］」に大きな点を与える傾向があることが読み取れます。県下有数の進学校である県立大宮高校の選抜基準（資料1-2）を見ても，内申書における評定の割合が50％，特別活動等の記録が25％，その他の項目（総合的な学習の時間記録・資格取得など）が25％となっています。ただし「生徒会長などは得点をさらに加算」とも書かれていますが，何点加算されるかまでは示されません。また，実際に各教科の評定以外のこれら特別活動等の内申書の項目が，県立大宮高校を受検している生徒たちにとって，例えば埼玉県の学力検査において特別に難易度を高めて作られている学校選択問題と比べ，選抜の際に「実際に差がつく項目」になっているのかどうかは，このような制度面の公開情報だけからは判断することができません。

　とはいえ，「生徒会長や部活動の経験は内申書に有利なのか？」という内申書へのよくある疑問に対しては，少なくともこれら一部の例外地域・高校を除いて「一般選抜において多くの都道府県では評定以外を数値化することはないため，合否判定には大きく影響しない」という回答がひとまず成立します（なお，埼玉県については制度変更も発表されています。詳細は第6章参照）。「大きく影響しない」と書きましたが，より厳密に考えると，影響力はゼロとは断言できません。評定以外の内申書項目が選抜に対してどのような影響を及ぼし得るかについては，次項の大阪府と三重県の内申書の用いられ方の例を見ながら，もう少し検討を続けていきましょう。

内申点と学力検査の得点はどのように選抜に用いられるのか

　実際の選抜過程では，内申点と学力検査の得点がどのように用い

資料 1-2　埼玉県の選抜基準の例（大宮高校，2023 年度）

全日制　県立大宮高等学校（普通科）

選抜の基本方針

（1）学力検査を重視した選抜を行うこととする。受検生の能力をより適正に測るため，数学と英語の学力検査は学校選択問題で実施する。

（2）調査書については，学習の記録だけでなく，特別活動等の記録，その他の項目において項目毎に総合的によく取り組んだ者の選抜に配慮する。

選抜資料

○学力検査の扱い　　　　　　　　　　　　　　　　　　　　　　　　　…………［500 点］

○調査書の扱い　　学習の記録の得点　（1 年　2 年　3 年、1：1：2）………（180 点）

　　　　　　　　　特別活動等の記録の得点　　　　　　………（90 点）　｝……［360 点］

　　　　　　　　　その他の項目の得点　　　　　　　　………（90 点）

○その他の資料　　なし

一般募集

●第 1 次選抜（60％を入学許可候補者とする）

　（各資料の配点）

①学力検査	②調査書	③その他	④合　計
500 点	334 点	実施しない	834 点

●第 2 次選抜（40％を入学許可候補者とする）

　（各資料の配点）

⑤学力検査	⑥調査書	⑦その他	⑧合　計
500 点	215 点	実施しない	715 点

調査書の扱いの詳細

【特別活動等の記録の得点（90 点）】

○学級活動・生徒会活動

　・学級活動，生徒会活動への参加を評価する。

　・生徒会長などは得点をさらに加算する。

○部活動（または，調査書の「5 その他」欄に記載された活動のうち，運動部・文化部に準じて評価できるもの）

　・部活動（または，調査書の「5 その他」欄に記載された活動のうち，運動部・文化部に準じて評価できるもの）への参加を評価する。また，以下の区分により得点をさらに加算する。

　・運動部系・文化部系とも，全国大会等への出場・出展，関東大会等への出場・出展，県大会等への出場・出展など

【その他の項目の得点（90 点）】

○総合的な学習の時間の記録　・取組状況に応じて得点を与える。

○資格取得など　　　　　　　・以下の資格を取得している場合に得点を与える。

　　　　　　　　　　　　　　　英語検定 2 級以上，数学検定 2 級以上，漢字検定準 1 級以上など

第 2 志望

普通科と理数科の間で，相互に第 2 志望を認める。

その他

なし

（出所）埼玉県教育委員会ウェブサイト。

られている（どのように合否を判定する）のでしょうか。全国的に見ると，大きく次の2つのパターンに分けることができます。内申点と学力検査の得点が単純に「合算」されるパターン（資料1-3，大阪府の例）と，両者のそれぞれの順位を見つつ「相関的」に用いられるパターン（資料1-4，三重県の例）です。

大阪府では，内申点と学力検査の得点をまず等しく450点に揃えます。その後，各高校が，それぞれ最大で630点（1.4倍），最小で270点（0.6倍）の範囲内で，内申点の比重を大きくするか，学力検査の比重を大きくするか，等倍のままにするか，という判断をします。そして，内申点と学力検査の得点を合算し，上位から募集定員の90％までに入っている受験生をまず合格とします。大学進学が中心になる高校では，学力検査を最大限に評価する倍率タイプⅠが選択されています。このパターンの選抜方法では，内申点と学力検査の比重をわかりやすく示すことができ，学校によって特色を出しやすくなっています。

大阪府の場合は，募集人員の90％を上述のようなしくみで内申点と学力検査の得点の合計の上位者から決め，残りの10％については「自己申告書及び調査書中の活動／行動の記録を資料として，その高等学校のアドミッションポリシー（求める生徒像）に極めて合致する者を，優先的に合格とする」としています。前項の内容に照らしていえば，募集定員の90％は各科目の評定と学力検査だけから入学が許可されますが，評定以外の記載項目が考慮される可能性があるとすれば，この残りの10％の範囲内であるということになります。

一方，三重県では，内申点と学力検査の得点は合計せずに別々に捉え，それぞれの順位を相関させながら選抜を行います。手順としては，まず内申点と学力検査の得点それぞれを上位から並べ，資料

資料 1-3　内申点と学力検査の得点を合計し，合計点の上位から選抜する例（大阪府）

> (2)　選抜の資料は，調査書，学力検査の成績及び自己申告書とする。
> (3)　選抜に当たっては，学力検査の成績に，調査書中の必修の全教科の評定を加えた総合点を基本に，自己申告書及び調査書中の活動/行動の記録をも資料として選抜を行う。
> 　なお，総合点の算出に当たっては，次のように行う。
> ア　学力検査の各教科の成績を合計する。(450 点満点)
> イ　調査書中の各教科の評定を合計する。その際，第 3 学年の評定を 6 倍，第 1，2 学年の評定を 2 倍する。(450 点満点)
> ウ　及びイで算出した点数に，次の I から V の 5 つのタイプで示された倍率の中からあらかじめ各高等学校長が選択し，高等学校を所管する教育委員会が決定した倍率（「**学力検査問題の種類並びに学力検査の成績及び調査書の評定にかける倍率のタイプ**」〔76 ～ 79 ページ〕参照）をそれぞれかけて合計する。
>
> | 学力検査の成績及び調査書の評定にかける倍率のタイプ | 学力検査の成績にかける倍率 | 調査書の評定にかける倍率 |
> | --- | --- | --- |
> | I | 1.4 倍 | 0.6 倍 |
> | II | 1.2 倍 | 0.8 倍 |
> | III | 1.0 倍 | 1.0 倍 |
> | IV | 0.8 倍 | 1.2 倍 |
> | V | 0.6 倍 | 1.4 倍 |
>
> (4)　合格者の決定に当たっては，次のように行う。
> ア　総合点の高い者から，募集人員の110％に当たる者までを（I）群とする。
> イ　（I）群において，総合点の高い者から募集人員の90％に当たる者までを合格とし，残りの者を（II）群（ボーダーゾーン）とする。
> ウ　ボーダーゾーンの中から，自己申告書及び調査書中の活動/行動の記録を資料として，その高等学校のアドミッションポリシー（求める生徒像）に極めて合致する者を，優先的に合格とする。
> エ　ウによる合格者が募集人員を満たさない場合は，総合点の高い者から順に募集人員を満たすよう合格者を決定する。

（出所）大阪府教育委員会「令和 5 年度 大阪府公立高等学校入学者選抜実施要項」より一般選抜「3　入学者の選抜」の一部を抜粋。

1-4 中では右上に分布している層にあたる，内申点と学力検査の得点の順位の両方が募集定員のうち一定の割合以内に入っている層を合格とします（第 1 段階）。そして，残りを調査書で足切りしたうえで学力検査上位順に選び（第 2 段階），さらに残りを各学校が「『特に重視する選抜資料等』をふまえ」て合格とする，というしくみになっています。三重県の場合も，定員の 100％を内申点と学力検査の得点の両方の上位で満たすのではなく，資料 1-4 の例では，定

員の 15％（第 2 段階の 30
人）は内申点優先で，
15％（第 3 段階の 30 人）
はその他資料——つまり
各科目の評定以外の項目
の可能性もあります——
を含めた学校判断で，と
いうかたちで特色を出し
ています（三重県の選抜
方法は高校ごとに独自で設
定されているため，この割
合も高校によって変わりま
す）。

　ところで，大阪府や三
重県のように，ときには
選抜要項以外にリーフ
レットを作成したり，図
を使ったりしながら何
ページもかけて選抜方法
について丁寧に説明する
ところもあれば，「調査
書中の『学習の記録』の
『評定』の第 3 学年の各
教科の評定と学力検査の
成績を総合的に審査す
る」とだけ選抜要項に記
すにとどめるなど，実質

資料 1-4　内申点と学力検査の得点を上位から
　　　　　順に並べ，相関的に選抜する例（三
　　　　　重県）

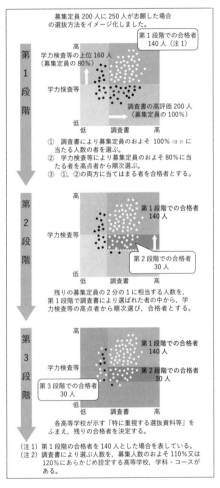

（出所）三重県教育委員会「令和 4 年度入学者用三重県立
　　　高等学校をめざすあなたへ」より「後期選抜の選抜方
　　　法」。

的には公開されている資料からは，選抜方法はおろか内申書と学力検査の比重すらも判断ができない県も複数あります。

　また，前出の大阪府と三重県のどちらも，合格者の大部分を内申点と学力検査の得点で判断しながら，一部については何を評価するか学校の裁量に委ねるかたちをとっています。このように，選抜に際して定員の一部を学校裁量とする自治体もありますが，大阪府・三重県を含めてこの**学校裁量**部分の選抜方法までが選抜要項で詳細に記されることはありません（三重県の例を挙げれば「調査書及び『自己推薦書』の記載事項を考慮して総合的に選抜する」という記述になります）。全体に占める割合は小さいとはいえ，学校裁量部分の内申書の用いられ方にも不透明さが残っていることを指摘しておきます。

4　多様で，不透明であることの何が問題なのか

　各都道府県の公立高校入試において，なぜ内申書はこのように様式と用いられ方が多様で，不透明な部分が散見されるのでしょうか。

　そこには大学に比べて高校の数が多いこと，高校と高校入試が各地の教育委員会によってそれぞれに管理・管轄されていること，全国的な統一入試のしくみがないということや，これまでに内申書がたどってきた歴史（第2章参照）も関係しているでしょう。

　ただし，多様であることは何らかの目的をもってそうなっているのであって，それ自体は否定すべきことではありません。評価項目が多いことは，多様な資質・能力を評価するという意味ではプラスに作用することもあるでしょう。また，高校が建学の理念や地域の実情に応じて**スクール・ポリシー**（第3章参照）を策定することや，評価項目に強弱をつけることなどを通して独自に受け入れの方針を**アドミッション・ポリシー**として明らかにすることが，生徒にとっ

Column 1　私立高校入試と内申書の関係

　本章では，高校の区分や各都道府県においてさまざまな選抜方式があるなかで，最もインパクトが強いであろうことを鑑みて，とくに公立高校の「推薦入学者選抜（推薦選抜）」ではなく，最も定員の多い日程の「一般入学者選抜（一般選抜）」の事例に注目しています。

　しかし，地域によっては私立高校の受験者と進学者が大きな割合を占めることもあります。例えば，全日制高校の在校者数で見ると私立高校生が占める割合の全国平均は 35％ですが，東京都では 59％，京都府 49％，大阪府 47％ と高い割合になっています（2023 年度「学校基本調査」より）。

　私立高校の受験では，各学校が入学者選抜を行う主体となっています。ですから，全国で統一的なルールはないものの，内申点は不問かつテストだけで選抜するというのが一般的です。しかし，私立高校の推薦選抜や一般選抜であっても，学力検査に加点するなど何らかの優遇措置を行うような選抜方法の場合，内申点が考慮されたり，出願にあたって内申点の基準が設けられたりしていることもあります。例えば首都圏の私立高校では「出願基準」のしくみが広く用いられています。公立高校との併願をする場合，内申点などが各高校の設定する「出願基準」を超えていて，中学校教員と高校教員が事前に話し合いをしていれば，不合格になることは通常はないとされています（併願優遇）。これにより，受験生は安心して公立高校の受験に向かうことができます。このような内申点の用いられ方があることを考慮すると，少なくない数の私立高校受験生についても，内申書が重要な位置づけをもつことがわかります。

　一方で，内申書の提出はあっても選抜に大きな影響を与えることのない私立の通信制高校が，近年急拡大していることも，今後，内申書を問い直す議論に関わってくる可能性があるでしょう。

て志望校を考えるよいきっかけになることもあるかもしれません。

　一方，内申書の不透明性についてはどうでしょうか。本書の「はじめに」で述べられているように，内申書とは元来「保護者や子どもたちに内密に申告する書類」という意味であり，その内実は明らかにされるものでないブラックボックスだったという歴史があります。しかし，近年は様式のみならず，選抜基準についても自治体によっては詳細を明らかにして透明性を高めている場合もあります。また，調査書記載事項の開示に（評定部分に限定的ながらも）応じる自治体も複数あります（開示の状況や開示をめぐる意義と課題については第4章参照）。このような状況を見ると，内申書も長期的に見れば非ブラックボックス化が進んでいると捉えることもできます。

　とはいえ，その多様性と不透明性が導く「わかりにくさ」の結果として，「生徒会長は内申点が上がるらしい」や「校則を破ると内申点が下げられる」といった噂が独り歩きしたりするのかもしれません。少なくとも，本章で見てきたように，一般的な選抜方法では，生徒会長を務めたとしても，暴力行為をして学校のガラスを割ったとしても，基本的にほとんどの都道府県では評定から構成される内申点には影響しません。あるいは社会一般の履歴書のように懲戒を記入しなければいけないといった欄はどの内申書にも存在しません。結局のところ，そういった公表されている事実から判断できることすらも十分に共有されていないなかで，内申書について語られたり，SNS上でつぶやかれたりすること，「そんなもの（だった）かな」と思ってしまうことが問題のようでもあります。

　そして，つまるところ，多様であり不透明であることが，「わが県（高校）では事情が違う／違うかもしれないが確かめようがない」という状況を作り出し，内申書をめぐって全国共通の理解や批判的検討，あるべき姿についての議論の土壌を形成されにくくして

いることが大きな問題ではないか，と筆者は考えています。

　　まず，内申書については，その様式，内申点になる学年や科目の比
重，学力検査との比重，選抜への用いられ方が都道府県や高校によっ
て共通点をもつ場合もあるものの，実際にはかなり多様性をもったも
のであることを確認しました。

　　次に，都道府県によっては内申書の様式が明らかにされない場合も
あれば，内申書をどのように用いるかが選抜要項に明確に示されてい
ない場合もありました。内申点は各教科の評定によるところが大きい
けれども，特別活動等が点数化されて加えられる場合もあります。選
抜への用いられ方については，これら内申点や内申点にならない項目
も含め，内申書自体を「総合的に」判断するといった表記しかなく実
際にどの項目がどの程度評価されるかがわからない場合があること，
学校裁量に委ねられた部分の選抜基準の情報のなさなども見て取れま
した。このように，都道府県による差はありますが，不透明な部分が
少なからずあることも確認しました。

　　この内申書の多様性と不透明さが，「わかりにくさ」，さらには「議
論不足」をもたらしています。これを本章では，内申書に関わる問題
の第一に指摘しておきたいと思います。

　　とはいえ，本章で見てきたのは，内申書の様式や選抜基準など，制
度に由来する問題が中心であり，内申書に関してはこのほかにも多く
の問題があります。それらは本章に続く第2章以降で各論者から指
摘され，考察されています。「内申書問題」とは1つのものではなく，
さまざまな立場や状況が複雑に絡み合って構成されています。ゆえに
解決策や改善案も簡単には定まりません。だからこそ，都道府県個別
にではなく，かつ制度論にとどまらずに，広い視野をもち，内申書の
本来あるべき姿とは何かということにまで立ち返って検討する必要が
あるでしょう。

1 大学入試においては，調査書は文部科学省が大学入学者選抜実施要項で示す共通の様式があります。しかし，用いられ方は大学によって異なります（第10章参照）。また，高等専門学校では，国公私立問わず学校ごとに調査書の様式と選抜への用いられ方が異なっています。

2 富山県の入学者選抜実施要領（2023年度）では，特別活動等の評価である15点も「評定点」と表記していますが，一般的には評定は各教科において用いられる言葉です。筆者はこれを例外的なものと考えています。

3 東京都はウェブサイトにおいて2023年度入試の調査書（様式10）そのものの公開をしていません。しかし，東京都教育委員会のパンフレット「令和5年度 東京都立高等学校に入学を希望する皆さんへ」に調査書の記載内容についての詳細な説明があるため，公開と判断しています。

4 なお，指導要録にある項目のなかでは，「特別の教科 道徳」について記入欄のある内申書は1つもありません。

5 2024年度入試より神奈川県の一般募集共通選抜の第2次選考（定員の10%）においては，各教科の評定ではなく「主体的に学習に取り組む態度」を数値化して選抜に用いています。他にも，観点別評価を推薦選抜において用いたり，2025年度以降に一般選抜において用いることを発表したりしている自治体はあります。

6 千葉県の入学者選抜要項（2023年度）には「欠席が多い理由又は障害があることによって生ずる事柄等について説明するために，志願者から自己申告書が提出された場合は，これを選抜のための資料に加えることができる」ともあります。

引用・参考文献

今橋盛勝・瀬戸則夫・鶴保英記ほか編（1990）『内申書を考える』日本評論社

大阪府教育委員会（2023）「令和5年度　大阪府公立高等学校入学者選抜実施要項」

全国進路指導研究会編（1976）『内申書』民衆社

広島県教育委員会（2023）「新しい広島県公立高等学校入学者選抜制度に係る成果と課題について（まとめ）」

広島県教育委員会・広島市教育委員会・呉市教育委員会・尾道市教育委員会・福山市教育委員会（2022）「令和5年度広島県公立高等学校入学者選抜 主な変更点について」

千葉県立千葉高等学校（2022）「令和5年度一般入学者選抜・評価方法」

三重県教育委員会（2021）「三重県立高等学校をめざすあなたへ」

全都道府県「入学者選抜実施要項／要領／細則等」（2022〜2024）

内申書問題の歴史

Chapter 2

何が課題となってきたのか

　実は，内申書は入試競争を抑制するために取られた制度でした。しかし，実際はうまく機能していないように見えるのではないでしょうか（それ以上に悪役を演じるようになっているのではないでしょうか）。こうした問題意識とともに，内申書を改革できる可能性はあるのかという課題意識をもって，入試制度において内申書が登場して以来，今日に至るまでのあゆみを解説します。その際に，内申書に埋めこまれた「教育評価の考え方」に焦点を合わせ，本書**第2部**で詳述される各テーマを議論するうえで踏まえておくべき歴史的・社会的背景も紹介します。

1　内申書問題の登場
──1920年代旧制中学校入試改革

旧制中学校入試の激化

　戦前に出版された定評のある辞典（『教育学辞典』1938年）には，内申書に関して「一般には内密に申告する書類という意味であるが，最近特に之を学校関係のことに用いるようになった。この場合には上級学校への入学志願者について，本人の身体・学業・人物等に関

して査定の結果を下級学校長から上級学校長に親展書を以て申告する書類のことをいう」(現代用語に直して記載，以下同様)と定義されています。

この辞典が公刊される 11 年前 (1927 年) に，旧制中学の入学試験において，内密に申告する書類としての内申書が登場します。この間の歴史・社会的事情について，少し説明してみましょう。

明治初期に成立する近代学校は，「勉強」による「立身出世 (階層移動と地域移動の可能性)」を庶民に説くことで，封建的身分制度からの脱却を推進しようとしました。そのために，**課程主義**に基づく厳格な「試験」を経て進級を認定するというシステムを導入しました (斉藤，2011)。この「政府主導による近代化」事業によって，1907 年に小学校が 6 年制に義務化されたように，初等教育と高等教育の制度上の連結が可能となり，小学校―(旧制) 中学校―(旧制) 高等学校―帝国大学という「正規」のルートが整備されます。そして，この「正規」のルートを歩む者には，職業資格のうえで特典が与えられ，とりわけ国家の中枢を担う高級官僚に帝国大学の卒業生が多数進出するという状況が生まれます (天野，1983)。

そして，この職業選択において，学歴＝学校歴の価値の重要性を決定づけたのが，第一次世界大戦 (1914-18 年) を契機として，軽工業から重工業への転換を成し遂げつつあった産業界の動向でした。さらには，1917 年 12 月に公布された「大学令」によって，帝国大学以外の大学が認められ，学生数 9000 人から 7 万人に一挙に膨張しました。すると，従来の人材採用の原理であった地縁・血縁や出自，いわゆる「こね」「かね」では対応できなくなって，人材選抜の原理として学歴がより重視され，その結果，職制における序列と，学歴の序列が対応するようになります。しかも，その学歴は，威信のある有名校であることが必要とされました (竹内，1988)。こうし

て，大学進学，とりわけ有名校への進学ができれば「立身出世」できるとの希望が，中学生に与えられたのです。

とくに「正規」のコースの関門とされた中学入試では，進学希望者が1913年の約7万人から25年の約15万人に急増します。しかし，大正年間（1912-26年）を通じて，中学進学希望者の半数しか入学することはできませんでした（桑原，1986）。ただし，当時この学歴獲得競争に最も積極的に参加できたのは，この時期に新しく出現した旧士族や中農層の二，三男を中心とした新中間層（いわゆるホワイト・カラー）であり，国民全体から見ると限られた階層（約1割相当）の人たちでした。

内申書第一主義の登場

ちなみに，大都市部に存在し，有名高等学校への進学に実績をもつ「銘柄」中学校の倍率は高く，例えば東京府立第一中学校の1918年の倍率は9.8倍であり，当時の学歴獲得競争の苛烈さを物語っています。しかも，当時の尋常小学校と旧制中学校との**接続**関係に着目すると，当時国民教育の基礎を担っていた小学校と，進学をめざすエリート機関である中学校で要求される学力格差は大きく，1919年になって「現役入学者」が「浪人経験者」（当時の高等小学校が事実上の中学入試の学力不足を補うクッションの役割を担う）を上回り，小学校の進学準備教育に拍車がかかったとされています（佐藤，2000: 94-95）。

このような「受験地獄」が深刻化し，小学校での受験のための補習授業，子どもたちの受験ノイローゼ（「神経衰弱」），さらには受験の失敗を苦にした「親子心中」などが世評（寺崎編，1994: 116-121）にのぼるなかで，1925年には，帝国教育会，茗溪会，女子師範同窓会など50有余の教育団体で構成される「中等学校入学試験撤廃

期成同盟会」が結成され，さまざまな改革案が提出されるようになります。文部省も中学校を増設したり，進路指導の「適正化」（文部省「児童生徒ノ個性尊重及び職業指導ニ関スル件」1927 年）を図ります（実際には中学校希望者を実業学校へ振り分けるといった対応にとどまり，中学校増設も期待通りには進みませんでした）。また，入試方法の改善策として，「メンタルテスト」（東京高師附中学校，東京府立第五中学校など）や「抽籤」（石岡，2014）などの導入が図られますが，入試に求められる妥当性や信頼性，衡平性の観点から不発に終わることになります（天野，1995）。

　このような状況を大胆に打開すべく，1927 年 11 月に中学校令施行規則の一部を改正し，「試験」の文字を「**検定**」に，「**入学試験**」を「**入学考査**」に改め，従来の学科試験一辺倒の入学選抜法を廃止します。その改正の趣旨をまとめると以下のようになります（文部省，1927；桑原，1986；米田編，2009 を参照）。

①　小学校教育は道徳教育及び国民教育の基礎を授けるとともに身体の発達に留意すべきところであるが，今般の入学試験の準備に没頭する弊害を改める必要がある。

②　中等学校志願者については，出身小学校長から当該児童の小学校における最終 2 学年の学業成績，身体の状況，特性，その他必要なる事項について詳細に調査し志願中学校長に直接その意見を報告すること，中等学校長からその他の要求があれば出身小学校長は必要な調査書を提出すること。

③　小学校長の報告に基づいて考査選別すること。

④　選抜した者について，**人物考査**（常識，素質，性行等の考査）と身体検査を行うこと。人物考査については平易な口頭試問の方法を用いること。

⑤　選抜した者の人数が募集人員を超過する場合は，順次優良な

者を入学させ，優劣の判定が難しい場合は抽籤で決定すること。

⑥　学校が数多くある都市部においては，連合して考査を行う総合選抜制を採用してもよい。

口頭試問は筆答が認められ，その内容の多くは教科学力を問うものでした。この新選抜法の特徴は，学科試験に依らずに人物を総合的に考査し入学者を決定すること（**内申書第一主義**）にありました。

この入試改革には，小学校における教育改革も影響しています。当時支配的であった「**知育偏重徳育重視**」という思想的な背景から，1900年の「第三次小学校令」では，進級・卒業において，従来の「試験」をなくして児童の平素の成績を「**考査**」すべきことが明記されました。いわゆる教師の主観や恣意的判断が混入されやすい「**絶対評価**」の採用です。この絶対評価の典型が，品性や道徳を一方的に重視する「**操行査定**」でした。内申書第一主義という入試改革も「第三次小学校令」の延長上になされることによって，中学入試においても小学校教育を尊重するという面をもっていたことを指摘しておきたいと思います。

こうして，「受験地獄」の緩和策として登場した内申書（公的文書では「調査書」と明記）ですが，紋切り型で抽象的な「評語」（温順，穏健など）を用いるために主観的な評価に陥りやすく，中学校が求める学力を適正に判定できないこと，評価に際しての情実（親が教師に付け届けをしたりして，わが子をえこひいきしてもらうことなど）の横行，各小学校の格差を不問にしていること等の問題（木村，1993: 2）が生じて，やがて再び学科試験重視に傾斜していきます。とりわけ難関の中学校側からは，「絶対評価」に基づく内申書第一主義では的確な「選抜」機能が果たせないという不満や批判が噴出します。また，口頭試問も未熟さゆえに，その主観性が問われて口問筆答・筆問筆答へと変化し，ほとんど筆記試験に近いかたちになって

いきます。内申書が登場した 1927 年から始まる入試制度・方法の二転三転の改革（学科試験重視か内申書重視かの相克）は，歴史・社会的背景は異なるものの，戦後日本における内申書問題を考える際に参考になるでしょう。

2 戦後初期教育改革構想
——「指導」のための「報告書」としての内申書

第二次世界大戦後はアメリカが主導する占領政策のもとで，教育改革が進められました。戦後日本の教育改革のマスター・プランを示した 1946 年の「アメリカ教育使節団報告書」（村井，1979: 64）に「この『下等中等学校』［筆者注（以下同）：義務化された新制中学校］の上に，授業料は徴収せず，希望者は全員が入学できる三年制の『上級中等学校』［新制高等学校］を設けることを勧める」とあるように，6・3・3・4制の単線型の学校体系が提案されました。そこでは，中・高は，各下位学校の課程修了を要件とする，下からの直線的接続（単線型）をめざしていました。すなわち，格差を前提としていた戦前の複線型を改め，すべての人に教育の門戸を開こうとしたのです。その結果，新制高等学校においては小学区制と男女共学と総合制（普通科と職業科とが共存する制度）といういわゆる高校3原則が要請されました。

以上の点をさらに明確に具体的に示したのが，文部省学校教育局が作成した『新制中学校・新制高等学校　望ましい運営の指針』(1949 年 4 月 10 日，戦後日本教育史料集成編集委員会編，1983: 151) です。「新制高等学校は，入学者の選抜はそれ自体望ましいものであるという考えをいつまでももっていてはならない。入学希望者をできるだけ多く，全日制か定時制かのどちらかに収容することが，結局のところ望ましいことなのである。……選抜をしなければならない場

合も，これはそれ自体として望ましいことではなく，やむえない害悪であって，経済が復興して新制高等学校で学びたい者に適当な施設を用意することができるようになれば，直ちになくすべきものであると考えなければならない」と明記されています。つまり，新制高等学校を希望する生徒全員を入学させるという基本方針のもとに，学校教育法第47条（高校の入学資格は中学校の卒業者）の理念を受けて1947年の施行規則第59条では，「入学志願者が入学定員を超過した場合は，入学試験を行うことができる」とされたのです。

　新制高等学校が発足した1948年の入学試験要項には，「新制高等学校においては，選抜のための如何なる検査も行わず，新制中学校よりの報告書に基づいて選抜する」（戦後日本教育史料集成編集委員会編，1983: 201）との記載があり，その報告書には①知能検査，②（当日の）学力検査（アチーブメント・テスト）の結果，③（各学年末の）教科学習成績，④個人的並びに社会的の性格，態度の発達の記録，⑤職業的見地より行う性格，態度の発達及び職業的適性の記録，⑥身体の発達記録を記載することとされていました。アチーブメント・テストは都道府県ごとに委員会（心理学・教育学の専門家，新制中学・高等学校の校長または教員で構成）で作成し，各中学校で実施されることになっていました（なお，②と③は同等として扱う）。つまり，戦後初期の「内申書」は「報告書」とされ，戦前または今日のような「選抜」のための資料としての「内申書」ではなく，中学校と高等学校との直接的な接続を前提とした高校入学後の「指導」のための資料として活用することが期待されていたのです。

　しかしながら，このような下級学校である中学校の主体性を尊重する方策に対しては，高等学校側からの不満が表明されました。「学力検査は高校で，かつ県下一斉で実施」（1951年11月文部省初等中等教育局。以下，初中局。局長通知第660号），「入学者選抜の主体は

高校長」(1954年8月局長通知) と発出され，1956年9月の学校教育法施行規則一部改正においては，高等学校が「選抜のための学力検査」を行うことを条文で明記します (蔵原, 1988)。中学校から高校への進学は，希望者全員入学を基本として選抜は行わず，施設等の不足のために入学定員を超える進学希望者がいる場合には，中学校が作成する「報告書」で選考するとした戦後初期の教育改革構想は，ここに転換を余儀なくされます。

3 希望者全員入学制から適格者主義への転換
──「選抜」のための内申書の復活と重視

「適格者主義」の採用

高校の選抜権を優位とする動向は，1963年8月23日に発出された学校教育法施行規則59条の一部改正において明確になります。そこには，「高等学校の入学者の選抜は，中学校長から送付された調査書その他必要な書類，選抜のための学力検査の成績等を資料として，高等学校教育を受けるに足る資質と能力を判定して行なうものとする」(1963年8月23日初中局通知) と明記されます。つまり，「高等学校教育を受けるに足る資質と能力を判定」(**適格者主義**) するために，**選抜のための学力検査** (同一時期同一問題) を高校が行うことによって，選抜する高校の優位が確立します。この希望者全員入学制から適格者主義への転換のなかで，内申書は選抜目的のための資料としての性格を復活します。

このような適格者主義への動因として，第一次ベビーブームにともなう1963年からの高校入学該当年齢人口の急増という人口動態的背景 (表2-1) があります (「団塊の世代」が高等学校に進学するのは1963-65年)。加えて，この時期は高度経済成長期 (1955-70年代初頭) と重なり，農村から都市部への大幅な人口移動，地域開発や産業構

表 2-1　戦後高等学校入学制度の変遷

年	措置	内容	状況	年度	進学率 (%)	入学率 (%)
1948 (昭23)	局長通達／学校教育法の制定（22年）／教育委員会法制定（学区制の設定）	選抜のためのいかなる検査をも行わず，中学校からの報告書に基づく選抜希望者全員を入学させるとの理想のもとに，定員を超過する場合のみ選抜を行う／報告書には，知能検査，アチーブメント・テスト（全県一斉実施）教科学習の成績等がもられる	この改正はさしたる混乱もなく実施に移された（新・旧両制度の切り替え期であるため，入学者選抜も補欠募集的なものであったため等）学校増設等により，入学競争は著しく緩和／進学希望者の増加／進路指導の徹底により，高校側に選抜の主体性なく，高校側の不満が増大	昭和23年	48	94
				25年	43	82
1951 (昭26)	局長通達	例外的に各高等学校における学力検査を認める／アチーブメント・テストは必修教科の全体に渡ることが望ましいが，選抜教科は慎重に取り扱うこと	高知県は無試験入学，高知市内では抽選により配分／広島県のみ各高校の学力検査を実施／アチーブメント・テストは入学試験的色彩を帯びてきた	26年	46	78
1954 (昭29) 1956 (昭31)	局長通知／学校教育法施行規則の一部改正	入学者の選抜の主体が高校長にあることを明確化／入学志願者が定員を超過した時は選抜のための学力検査（県内一斉）を実施し得ることとした	この通知は大部分の県で実施している方向を是認したもの／高校受験者の急増，収容能力の不足／高校側は学力不足者の入学に不満	29年	51	74
				30年	52	73
				35年	58	96
1963 (昭38)	局長通知／学校教育法施行規則の一部改正	入学者選抜の完全実施，適格者主義の明確化／学力検査は必修全教科，面接，身体検査を実施し得る／調査書の学習の記録と学力検査の成績を同等視する	63-65年，生徒急増期，その後再び減少塾，中学校における補習授業等準備教育が激化	40年	71	95
1966 (昭41)	局長通知	各都道府県の主体性尊重／調査書の重視，学力検査実施教科は各県において適切に定めることとした		45年	82	98
				50年	92	98
				55年	94	99
				57年	94	99
1984 (昭59)	局長通知	学力検査の時期，検査方法の多様化		59年	94	
1993 (平5)	文部事務次官通知	業者テスト追放＝脱偏差値の方針／個性評価の重視		平成5年	94	

（注）進学率と入学率は，1962（昭和37）年以降は高専を含む。
（出所）文部科学省教育課程課編，1984: 44-45 に一部加筆修正。

造の高度化などの大きな社会変動が進行しており，高校進学率の上昇を加速させました。文部省としても学級規模の拡大や学級数の増加，高校の新設などによって公立高校全体の収容数の増加を図りますが，充分ではなく（この面では私立学校の貢献が大きいといえます〔香川ほか，2014〕），民間においては高校増設を求める「高校全員入学問題全国協議会」（1962年4月）が発足します。以上を背景として，量的に拡大した高等学校の分化や多様化が図られ，その分化・多様化はヨコ並びではなくタテ並びとなり，社会的威信（主流は普通科，専門学科は亜流とする戦前来の意識の残存）を基準にした序列化が進行し，高校への受験競争に拍車をかけます（門脇・飯田編，1992: 47）。

内申書重視と科目削減

　戦後ベビーブームによる18歳人口の激増と高校進学率の急増（1960年：57.7%，1965年：70.7%，1970年：82.1%）による受験競争の激化に対して，次のような通達が発出されます（1966年7月18日初中局通達）。「選抜にあたっては，調査書をじゅうぶん尊重することとし，調査書の信頼性と客観性を高めるため，記載内容および取り扱い等については，各都道府県において，じゅうぶん研究して適切に定めるものとする」「学力検査の実施教科の決定および問題の作成にあたっては，中学校ならびに高等学校関係者の相互の理解と協力に基づき，中学校教育をゆがめることなく，その充実に資するよう配慮するものとする」。都道府県によって異なるものの，内申書と当日の学力検査の比率配分は，従来の同等に扱う方針から**内申点重視**（内申書と当日の学力検査の配分は，静岡県，徳島県では80%：20%，島根県は75%：25%，山口県は60%：40%など）に変化するとともに，学力検査科目も9教科から5教科または3教科に削減されます。当初，この内申書重視の方針は，一発勝負の選抜入試には弊害が多い

こと，受験科目の削減による受験生の負担の軽減，受験科目から外された科目における自主編成の可能性の拡大という理由で，日本教職員組合を含めて賛同するものが多かったとされます（全国進路指導研究会編，1976: 109-110；中村，1999: 30）。

　そもそも戦前に登場した内申書にも明らかなように，その記載内容は学業成績（下級学校での評定）のみならず，人物や身体の査定記録も含まれていることから，保護者や生徒当人には「内密に申告」される必要がありました。この**内密性**こそ，保護者や子どもたちにとっては「見えない鎖」（佐藤，1985）となり，「仮面中学生うむ『いい子競争』──心の中まで採点できるのか」（『AERA』1997 年 7 月 28 日）などジャーナリズムによって告発されました。この内密性に風穴を開けたのは，次項で示す「内申書裁判」でした（なお，内申書に記載される学業成績以外の**教科外活動**の評価の在り方については，第 6 章で詳しく検討されます）。

　また，内申書に記載される学業成績に関しては，戦前の「絶対評価」の反省から，信頼性と客観性を高めることが求められました。戦後当初から内申書の原簿にあたる指導要録に採用されていた「**5段階相対評価**」（5：7%，4：24%，3：38%，2：24%，1：7%。または 10 段階相対評価）を厳密に適用し，各中学校には「成績一覧表」の提出を求めて，その厳守を確認しました。しかし，中学浪人を出したくない中学校では，この「相対評価」による「成績一覧表」に対する内部操作が，ある意味公然となされていたという報道があります（「内申書の改竄　今や死に至る病」『AERA』1992 年 8 月 4 日）。また，たとえ厳密な「相対評価」を求めたとしても，それは該当する中学校内部における評価であり，中学校間に学力格差のある場合には，それに応じて「内申点」の調整（補正）が高校側で行われていたといわれています。内申書に厳密な「相対評価」を採用することの当否

については，後述する「偏差値」批判のなかで問われることになります。

「内申書裁判」——開示問題

　内申書の内密性の問題，なかでも**開示問題**は，いわゆる「内申書裁判」（1974年4月に訴訟開始）に端を発しています（詳細は第4章参照）。麹町中学校の内申書に書かれた内容のために，受験した高校を軒並みに不合格（1971年3月）になった当人が，学習権の侵害などを理由に損害賠償を求めた裁判です。一審（1979年3月）では原告の言い分が認められましたが，二審（1982年5月）では逆転敗訴し，最高裁も二審判決を支持しました。この裁判を契機として，教師の教育評価権と子どもの**学習権**の関係をいかに考えるのかという問題や，さらには内申書の開示や存廃をめぐる問題が社会問題化しました。

　次に，この内申書開示問題に直接的にインパクトを与えたのが，高槻市の中学3年生が，高槻市個人情報保護条例に基づいて，「志望校決定の参考にしたい」と市長に内申書の開示を請求した一連の出来事です（1991年1月，詳細は第4章参照）。この請求を受けて，市個人情報保護審査会は内申書全面開示を答申し，市議会も内申書開示を決議しました。これに対して，市教委は「調査書の構成，客観性を確保するため，本人に知らせないことが正当」として棄却，非開示とすることを決定したため，この生徒は開示を求めて提訴することになります（なお，1994年地裁判決では「総合所見」のみ非開示）。

　このような開示を求める動きに決定的な援護となったのは，1999年11月の大阪高裁の判決です。西宮市の小学校と中学校に在籍していた児童・生徒や卒業生6人が，西宮市教育委員会を相手として，指導要録と内申書の全面開示を求めた裁判でした。判決では，「開

示すれば生徒と教師の信頼関係が破壊されるという主張は，開示を拒む理由にはならない」として一審判決を変更し，全面開示を命じました。このような裁判で，全面開示の判断が示されたのははじめてのことであり，その後の開示問題に大きな影響を与えることになりました（その後の展開は第4章参照）。この開示問題の背景には，1980年代前半あたりからの「情報公開条例」に関する論議の蓄積と**「子どもの権利条約」**（1989年採択，1994年日本批准）の存在があったことを忘れてはならないでしょう（今橋ほか編，1990）。

業者テストの横行と「偏差値」批判

　1966年の内申書重視策によって，いわゆる「内申点」の比重が高まると，「内申点」の客観性，信頼性を高めるために，とくに高校数の多い都市部において，第一次選考（関門：「足切り」）に**「偏差値」**を用いる進路指導（輪切り指導）が行われるようになりました。偏差値は民間業者の作成したテストによって算出されたため，文部省調査（1976年）によれば，都道府県の約半数で年間平均6〜10回ほどの業者テストが授業時間中に行われました（加えて業者による「会場テスト」も実施）。こうした流れを受け，「安易に業者テストに依存することがあってはならない」（1976年9月7日初中局）という通達が発出されましたが，1983年2月14日に放送されたNHKの番組「偏差値が日本の未来を支配する」では，業者テストが全国の中学校を席巻し，そのテスト結果から導出される「偏差値」によって，事実上**「偏差値が進路指導する」**という高校入試の実態をリアルに描きました（NHK取材班，1983: 112）。

　「偏差値」とは統計用語であり，1950年代後半頃に，教育界に進路指導の科学的モノサシとして登場してきたものです（桑田，1976）。相対評価に基づく選抜試験のもつ偶発性に統計的手法を持ち込み，

図 2-1　偏差値ができるまで

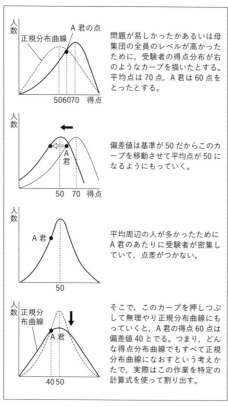

人数

正規分布曲線　A君の点

506070　得点

問題が易しかったかあるいは母集団の全員のレベルが高かったために、受験者の得点分布が右のようなカーブを描いたとする。平均点は 70 点、A君は 60 点をとったとする。

人数

A君

50　70　得点

偏差値は基準が 50 だからこのカーブを移動させて平均点が 50 になるようにもっていく。

人数

A君

50

平均周辺の人が多かったためにA君のあたりに受験者が密集していて、点差がつかない。

人数

正規分布曲線

A君

40 50

そこで、このカーブを押しつぶして無理やり正規分布曲線にもっていくと、A君の得点 60 点は偏差値 40 とでる。つまり、どんな得点分布曲線でもすべて正規分布曲線になおすという考えかたで、実際はこの作業を特定の計算式を使って割り出す。

(出所) NHK 取材班, 1983 をもとに作成。

平均からどの程度離れているかを示すのが偏差値です。その偏差値には、「算術的偏差値」だけでなく、学力測定の目的集団を想定して、その目的にかなったルール（正規分布曲線）に従ったサンプルによって算出（正規変換）した「代数的偏差値」があり、この後者こそ「50段階（25-75）相対評価」といわれるものです（図 2-1 参照）。

　戦後当初から導入された「相対評価」では、その評点とは「修得した学力内容の水準」ではなく「集団内の序列」を意味するにすぎず、さらには評点の配分率（5 段階であれば、5：7%, 4：24%, 3：38%, 2：24%, 1：7%）が厳格に統制されているために、評点をアップさせるためには排他的な競争（competition）を余儀なくされ、受験競争が激化すればするほど競争自体が自己目的化され、学力格差の拡大と学力の空洞化を招くと

いう問題点がありました。加えて，先述したように高校教育のタテ
の分化・多様化が進行（「普商工農」というランク付け，普通科では平易
なA科目とアカデミックなB科目の類型化，職業学科では職種の専門分化
に対応する細分化）し，それこそ，「偏差値」はこのような高校の分
化・多様化に目的合理的に適応するシステムの要となりました。そ
の結果として，生徒の希望や適性と入学した高校とのミスマッチが
生じ，不本意入学者が激増したのです。まさしく，「偏差値が進路
指導する」とは，「相対評価」の究極の形態だったといえるでしょ
う。

評価方法の多様化と評価尺度の多元化

　ところで，このような過激な受験競争に対して，先述のNHKの
放送直後に発出された通知「公立高等学校の入学者選抜について」
（1984年7月20日初中局）においては，「調査書は，学力検査ととも
に入学者選抜の重要な資料として重視される必要があるが，その利
用に当たっては，調査書と学力検査の比重の置き方やその他の取り
扱いについて，中学校教育への影響に十分留意するとともに，各高
等学校，学科等の特色に応じた適切な配慮を行うものとする」「推
薦入学については，高等学校，学科等の特色にふさわしい者を選抜
するため，積極的に実施することが望ましく，高等学校によっては
普通科においてもこれを実施することを考慮することが望ましい。
推薦入学を実施する場合には，推薦書の提出を求めたり，面接を併
用するなどの工夫を行うものとする」という方針が打ち出されます。
つまり，高校の序列化への対応策として，学力検査の全県同日同一
試験方式であったものを各校の判断（例えば実施科目数や傾斜配点な
ど）で変更可能とし，受験機会の複数化を含む選抜方法の多様化
（面接，推薦入試の積極利用や，内申書において特別活動・ボランティア活

動や「関心・意欲・態度」項目の点数化）を推進するとともに，とりわけ推薦入試においては内申書が重視されるようになりました。

　この方針は，1997年11月28日初中局通知にも引き継がれます。「いわゆる影響力のある特定の高等学校をはじめ，全体として，選抜方法の多様化，評価尺度の多元化の観点に立った入学者選抜の改善を一層進めていく必要があること。また，その際は，各高等学校においては，『いかに自校にふさわしい者を選抜するか』という視点とともに，『多様な能力・適性や意欲・関心を持つ生徒が，いかに自分に合った進路を的確に選択できるようにするか』という視点を重視して，入学者選抜の一層の改善に向けた努力を傾注すべきであること」とされ，このような方針は学力検査重視のエリート選抜と，高校進学率の高まりによって増加した比較的学力が低い層に対する内申書，面接重視という二極化に対応しようとするものであったと指摘されています（中村，1999: 43）。

　しかしながら，これらの制度改革が，たとえ偏差値という一元的な固い評価規準を「評価尺度の多元化」という柔らかな評価規準に転換してその岩盤を崩したとしても，事実上子どもたちの学力格差を是認し，多様化した高校へ選抜・選別するための入試の在り方を追認するものとなったことは否めません。ここでは，学力検査と内申書の関係が，学力格差に対応するためのものと捉えられ，入試における両者の役割の差異を明確にするという課題は，後景に退きました。「偏差値教育」批判で問われるべきは，その「相対評価」の問題性を深く鋭く批判して，中学校と高校との「接続」に要求される学力の内実を明示・保障するとともに，その要求されている学力を適正に評価できる内申書とはどういうものかという点ではないでしょうか。この点は，次節において「相対評価」から「目標に準拠した評価」に転換したなかでの内申書問題として検討します。

内申書論争——改善か全面廃止か

　受験競争の激化と内申書の位置づけの変動（とくに適格者主義のもとでの内申書重視への転換による教育現場の混乱など）のなかで，戦後はじめての内申書に関する単行本が上梓されます。民間教育団体の「全国進路指導研究会」（以下，全進研。1963 年創立）による『内申書』（民衆社，1976 年 1 月）です。その出版直後に，その書に対する反論書が，榊忠男・高柳直正よって上梓されます（『お願い内申書やめて！』昌平社，1976 年 11 月）。また，雑誌『教育の森』（1978 年 1 月号）では内申書特集が組まれ，そこでは当事者である池上正道（当時全進研委員長）と榊忠男との「討論」を掲載しています。両者の論点をクリアに表現すると，「内申書改善 vs 内申書即時全面廃止」となります。

　両者とも，教育を荒廃させているとして，現在（当時）の内申書が下級学校（中学校）の教育の日常に与えている問題状況（内部操作や点数操作や補正，相対評価の問題点）を批判する点では同様ですが，その改革方向となると対立します。全進研の主張をまとめると，内申書問題は小学区制の復活や高校全入の実現によって高校間格差をなくし，多くの青年に学習権を保障する取り組みと連動して解決しなくてはならず，その問題の核心となっている日常の評価（内申書の原簿となっている指導要録等）の「相対評価」を**到達度評価**（学力保障論に立脚する「目標に準拠した評価」）に転換する必要があり，現状では，内申書を全廃するだけでは，かえってテスト主義や受験競争が激化するのではないかと危惧されたのです。ここで，池上正道は「到達度評価の場合は，こういう内容を理解している者は『5』，ここまでは『4』という約束を決めるわけで，すべての中学校の先生がきちんとそれを守ることが必要ですからね。そうすると，中学校の教師同士，高校の教師同士で，お互いに連絡会的な，そして研

究会的なものを地域で持つことが必要で，両者の信頼がなければ，制度として成り立たないと思うんです」（榊・池上，1978: 42）と述べ，「到達度評価」システムへの転換にともなう課題を明示しています（この点は第7章で詳述されます）。

　他方，榊たちは，全進研の提案については，いわゆる高校3原則（小学区制，男女共学，総合制）の実現をめざすこと，また当時の指導要録などに制度的に厳然と機能している「相対評価」システムを転換することは短期的に不可能な目標であり，また現状（当時）の内申書の様式では価値ある教育活動をすべて盛り込むことができないので，内申書は待ったなしで廃止すべきことを主張します。榊はさらに踏み込んで，「内申書は初めから『お前を振り分ける！』という権力的な機構に教師を組み込み，いま学校までが死にかかっている」（榊・池上，1978: 46）と述べ，内申書全廃下の当日の学力試験のみという選抜方式があればこそ，中学の教師は子どもの側と連帯できると主張します。つまり，子どもたちの進路指導＝人生指導という前提において，生殺与奪の権限を与えるほど大きな内申書に含まれる教師の権力性を問うたのです。内申書において指導者である教師は選抜者の役割を担ってしまうとして問題視したのです（この点は第4節で検討します）。

4　「目標に準拠した評価」の採用と内申書問題

「目標に準拠した評価」の採用

　内申書の原簿にあたる指導要録の改訂は8回行われましたが，そのなかで一番大きな転換点は，2001年の改訂でした（田中，2019a）。その核心は，およそ50年間続いた「相対評価」を取りやめ，指導要録の総合評定においても**「目標に準拠した評価」**を採用し，「目

標に準拠した評価」と「個人内評価」で教育評価観を確立することでした。この2001年改訂の基本文書は，教育課程審議会「児童生徒の学習と教育課程の実施状況の在り方について（答申）」（2000年12月4日）です。その改訂の意義としては，以下の5点が挙げられています（文部科学省「学習評価に関する資料」2016年3月14日）。

(1) 新しい学習指導要領に示された基礎的・基本的な内容の確実な習得を図る観点から学習指導要領に示した内容を確実に習得したかどうかの評価を一層徹底するため

(2) 児童生徒一人一人の進歩の状況や教科の目標の実現状況を的確に把握し，学習指導の改善に生かすため

(3) 各学校段階において，児童生徒がその学校段階の目標を実現しているかどうかを評価することにより上級の学校段階の教育との円滑な接続に資するため

(4) 新しい学習指導要領では，習熟の程度に応じた指導など，個に応じた指導を一層重視しており，学習集団の編成も多様となることが考えられるため

(5) 少子化等により，学年，学級の児童生徒数が減少する中で，評価の客観性や信頼性を確保するため

とくに(3)に注目すると，「目標に準拠した評価」を内申書の原簿となる指導要録に採用することで，「中高，高大接続の中に入学試験を位置づける」ことを促しています（田中，2019b）。相対評価の問題性が戦後早くから指摘されていたにもかかわらず，それが指導要録に存続した大きな原因は，指導要録の外部証明機能の1つである内申書に採用された「相対評価」が，逆に指導要録の様式を「拘束」するという関係が生じたためです。そのこともあって，「目標に準拠した評価」を全面的に採用することになった2001年改訂の指導要録が，内申書の様式に対してどのようなスタンスを取るの

かが注目されました。もとより，内申書にまで「目標に準拠した評価」を貫徹させない限り，従来の経緯から指導要録の改訂は頓挫する危険があり，もし貫徹させるのであれば選抜入試の在り方それ自体に変更を及ぼす大きな可能性をもつことになるからです。

　この点について，先の教育課程審議会答申では「今後，評価の客観性，信頼性を高める取組を一層進めることにより，調査書の評定［内申書の総合評定＝内申点］を目標に準拠した評価とするための努力が行われることを期待したい」と踏み込んだ言明を行いました。ただし，この文章の前段では，選抜試験のもとでの内申書の現状（相対評価を採用している自治体も多かった現状）を踏まえて，「目標に準拠した評価」を採用するのか，「集団に準拠した評価」（相対評価）を採用するのかという改革の度合いについては，各都道府県教育委員会等の判断を優先すると記述されています。その結果，答申直後（2003 年度）では各都道府県教育委員会の対応は分かれました。「目標に準拠した評価」を採用したのは 33 都道府県（70%），「集団に準拠した評価」を採用したのは 13 府県（28%）であり，両方を併記するとしたのが 1 県（2%）でした。しかし，現在では，ほぼ全国レベルで「目標に準拠した評価」が採用されるに至っています。この点では，「目標に準拠した評価」は確かな地歩を築いたといえるでしょう。

　本来，「目標に準拠した評価」における入学試験とは，「選抜」ではなく，その学校に進学し学習するに必要な学力を身につけているのかという「資格」を重視するものであり，教育課程上の教育目標を明確に設定し，その学習到達度に応じた中高接続が行われているのかを学力検査と内申書によって問い，その受験時での生徒の到達度を評価しようとするものです（**Column 2** も参照）。まさしく，「目標に準拠した評価」を採用した「内申書」は，その本来の機能を発

揮する条件が整えられようとしていたのです。

「目標に準拠した評価」と内申書問題

　しかしながら，「目標に準拠した評価」が提案された直後においては，それが当初「絶対評価」と呼称されたこともあり（現在では公式文書では「絶対評価」は使われていません），戦前のいわゆる「絶対評価」と混同されているという報道がなされました（「絶対評価に戸惑う先生たち」『AERA』2000 年 7 月 29 日）。その後，『論座』（2002年 11 月号）では，「『絶対評価』で高校入試はどうなる」という特集が組まれ，この『論座』所収の論稿（『論座』, 2002）を素材として，筆者も参加した「ディベート・高校入試絶対評価で選抜できるか」（NHK BS, 2002 年 12 月 14 日）が放映されました。また，近年では「高校受験の内申書ホントに必要なの？」（東海テレビ，2022 年 3 月28 日放送。『中日新聞』2022 年 3 月 28 日付に内容を掲載）が放映されています。とりわけ，『論座』所収の論稿で示された批判的見解は，今日の内申書問題を考えるための絶好の素材を提供しています。以下，その論点となっている点を整理して，次章以降につないでいきたいと思います。

　(1) 押しなべて，各論稿では「相対評価」から「目標に準拠した評価」への転換を肯定しています。しかし，現行の「目標に準拠した評価」が「絶対評価」に陥る問題点として，**観点別評価**（当時の「観点」は，「関心・意欲・態度」「思考・判断」「技能・表現」「知識・理解」の 4 観点）のなかに占める観点「関心・意欲・態度」項目に，教師の主観や恣意的な判断が混入してしまいかねないことが挙げられます。また現行の「観点別評価」を総括してつける「評定」もそのことを免れず，内申書の信頼性が揺らぎかねないという批判があります（内申点に 5 や 4 をたく

さん付け，高得点を多く出すというインフレ現象など）。この観点別評価については，第5章で詳しく考察されます（八田・渡邉, 2023 も参照）。

(2) この内申書の信頼性の揺らぎに最も激しく反応したのは，高校側でした。そこには，中学教育・教師に対する不信も映し出されていました。その結果，内申書より当日の学力検査を重視する傾向が強まります（とくに進学校に顕著）。とりわけ，当時の東京私立中学高等学校協会では，「統一テスト」の実施を主張します（近藤, 2002）。それに対して，東京都教育委員会は，統一テストは「目標に準拠した評価」の定着を阻害し，再び偏差値による進路指導を復活させるとの理由で反対し（『朝日新聞』夕刊，2002年6月13日付），今日に至っています。

(3) 同じく外部試験や統一テストを支持する根拠として，内申書の信頼性の揺らぎに加担し，コーチ（指導者）とともにジャッジ（判定者）の役割を担う中学校教師の負担（権力性）を軽減するためというのがあります（山口, 2002）。教師が行う評価行為が「相対評価」に基づく「選抜」文脈で行われると，その行為は「判定者」の役割を免れません。しかし，その評価行為が「目標に準拠した評価」がめざす「資格」文脈で実施されると，その目標に向かって教師と生徒は協働（連帯）して取り組む実質的な条件が生まれます。さらには，教育評価における生徒の「参加」（engagement）と「所有権」（ownership）を重視する「真正の評価」論の文脈（田中, 2019c）で使用されれば，「内申書」には新たな展開が期待されます（終章参照）。

ま と め

　以上の内申書問題の歴史を踏まえると，内申書には，高校への「接続」を意識した中学校での教育課程と教育目標を明確に設定し，当日の学力検査だけでは見取ることのできない資質や能力を，指導した中学校教師自身による長期的な視野での評価として記述される必要があります。高校側が中学校教師の評価行為（評価リテラシー）を信頼し，キャリア教育の実現のための中高の教育課程・教育方法の改革を協働して行えば，その生徒の適性とニーズにあった指導を可能にすることができるのではないでしょうか（第3章と終章に詳述）。

引用・参考文献

天野郁夫（1983）『試験の社会史——近代日本の試験・教育・社会』東京大学出版会

天野正輝（1995）「1920年代における中等学校入試選抜法の改革」『京都大学教育学部紀要』第41号，60-84.

石岡学（2014）「1920年代日本の中等学校入試改革論議における『抽籤』論にみる選抜の公平性」『教育社会学研究』第94巻，173-193.

今橋盛勝・瀬戸則夫・鶴保英記ほか編（1990）『内申書を考える』日本評論社

NHK取材班（1983）『日本の条件11　教育2　偏差値が日本の未来を支配する』日本放送出版協会

香川めい・児玉英靖・相澤真一（2014）『〈高卒当然社会〉の戦後史——誰でも高校に通える社会は維持できるのか』新曜社

門脇厚司・飯田浩之編（1992）『高等学校の社会史——新制高校の「予期せぬ帰結」』東信堂。

木村元（1993）「内申書の歴史——戦前における導入と展開」『教育目標・評価学会紀要』第3号，1-5.

蔵原清人（1988）「戦後教育改革と高校入試」国民教育研究所・木下春雄編『高校入試制度の改革』労働旬報社

桑田昭三（1976）『偏差値の秘密——創案者が初公開する進学必勝法』徳間書店

桑原三二（1986）『旧制中学校の入学試験』私家版

近藤彰郎（2002）「なぜ私たちは統一テスト実施を決めたのか——絶対評価を推薦入試に使う弊害」『論座』11月号，196-201.

斉藤利彦（2011）『試験と競争の学校史』講談社

榊忠男・池上正道（1978）「全面廃止か到達度評価か」『教育の森』第3巻第1号，36-48.

榊忠男・高柳直正（1976）『お願い内申書やめて』昌平社

佐藤章（1985）『ルポ＝内申書——見えない鎖』未来社

佐藤秀夫（2000）『学校教育うらおもて事典』小学館

新英語教育研究会編（2022）『もっと豊かに！ 授業と評価　創造的！ 英語の「3観点評価」』高文研

鈴木節也（2002）「評価を変えるためにこれだけの準備をした先行例にみる課題と対策」『論座』11月号，188-195.

戦後日本教育史料集成編集委員会編（1983）『戦後日本教育史料集成　第2巻（新学制の発足）』三一書房

全国進路指導研究会編（1976）『内申書』民衆社

竹内洋（1988）『選抜社会——試験・昇進をめぐる〈加熱〉と〈冷却〉』リクルート出版

田中耕治（2013）「『目標に準拠した評価』をめぐる現状と課題——内申書問題が提起するもの」『教育評価と教育実践の課題——「評価の時代」を拓く』三学出版

田中耕治（2019a）「指導要録のあゆみとこれから」石井英真・西岡加名恵・田中耕治編『小学校　新指導要録　改訂のポイント』日本標準

田中耕治（2019b）「高大接続における入試のあり方」『大学評価研究』第18号，19-24.

田中耕治（2019c）「学習評価とカリキュラム」日本カリキュラム学会編『現代カリキュラム研究の動向と展開』教育出版

寺崎昌男編（1994）『選抜と競争』東京法令出版

中村高廣（1999）「受験体制としての『調査書重視』——入学者選抜にみる教育システムの変容」古賀正義編『〈子ども問題〉からみた学校世界——生徒・教師関係のいまを読み解く』教育出版

八田幸恵・渡邉久暢，2023，『高等学校観点別評価入門——深い理解のために』学事出版

村井実全訳解説（1979）『アメリカ教育使節団報告書』講談社

森上展安（2002）「『絶対評価』が高校の調査書離れを招く——広域の〈絶対評価テスト〉開発を」『論座』11月号，180-187.

文部科学省教育課程課編（1984）『中等教育資料』9月号

文部省（1927）「中学校令施行規則中改正に付実施上注意すべき事項」1927年11月22日文部省訓令「中等学校試験制度改正に対する入学者選抜方法に関する準則」1927年11月22日発普304号

山口榮一（2002）「『絶対評価』で問題は解決されるのか——信頼できる外部の機関による到達度把握を」『論座』11月号，172-179.

米田俊彦編（2009）『近代日本教育関係法令体系』港の人

第2部

内申書問題と
その解決に向けて

Chapter 3　学校間接続と内申書

内申書に期待される役割とは何か

　内申書の是非を含めた入学試験の在り方を検討するにあたっては，教育機関の間の「接続」を，さまざまな側面から捉えておく必要があります。そこで本章では，まず「接続」の定義を確認します。次に，中学校・高等学校の間の「接続」が，現在どのような状況にあるのかを探ります。その際，中学・高校間の「接続」は，高校・大学間の「接続」からも影響を受けるため，高大接続改革の動向についても扱います。続いて，学校間接続について改革が進む背景に，どのような子どもたちの実態があるのかについても紹介します。最後に，よりよい学校間接続を実現するための課題を検討し，今後，内申書に期待される役割について考えます。

1　学校間接続をめぐる諸概念

アーティキュレーションとは何か

　学校種間の接続（アーティキュレーション）とは，通常，「2つの異なる学校段階間の，区別されながらなおかつ連続的な関係のこと」とされています（細尾，2017: 201）。また，学校間接続については多

くの場合，入学試験の在り方の問題として議論されてきました。例えば増田幸一 (1961) は，**入試の原理**として，**①公正保持の原理**，**②素質重視の原理**，**③教育助成の原理**という３つを提案しています。また，佐々木亨 (1984) は，大学入試に関して，**①能力・適性の原則**，**②公正・妥当の原則**，**③高校教育尊重の原則**の３つを提示しました。

　しかしながら，本来，教育における「接続（アーティキュレーション）」は，入学試験の在り方（内申書問題）にとどまらない側面をもっています。清水一彦 (2016) は，アーティキュレーションについて「すべての子どもが学校生活において，あらゆる地点で最大限の進歩をもたらすような学校単位間及び学校単位内部の調整と関係性を意味する」という定義を採用しています。つまり**教育における接続関係**を幅広く捉え，学校間接続には「構造的側面」（学校制度の構造），「内容的側面」（カリキュラムや教育方法），「運営的側面」（下級学校から上級学校への移行をより効果的にならしめるための手段・方策）があると論じています。

　このような整理を踏まえると，学校間の接続については，子どもたちの最大限の**発達を保障**するという観点から問われるべきものであり，教育制度・内容の両側面にわたる問題として捉えられることとなります。

中等教育の"引き裂かれた"性格

　ところで，中学校から高校へと移行する際の接続に関しては，中等教育ならではの複雑さが見られます。志水宏吉 (1989) は，中等教育については，三重に「"引き裂かれた"性格」を有していると論じています。すなわち，まず「**完成教育**」（職業教育）と「**準備教育**」（高等教育に向けた準備教育）という「２つの異なるベクトルをも

つ教育作用を施す要請にさらされて」います。また、「**平等主義**」と「**能力主義**」という「背反するイデオロギー」とクロスしています。さらに、「義務教育」としての中学校（前期中等教育機関）と、「義務制ではないが就学することを半ば強制的に期待されている」高校（後期中等教育機関）に分かれています。

中学校から高校に提出される内申書の在り方については、このような中等教育ならではの性格を踏まえつつ検討することが求められます。さらにいえば、中等教育の性格は、高等教育（とくに大学教育）との関係にも大きく影響を受けています。そこで次に、2000年代以降における、高校・大学、及び中学・高校の学校間接続の改革動向に注目してみます。

 ## 2 2000年代以降の改革動向

学力観の転換とパフォーマンス評価の導入

2000年代以降の動向において注目すべきは、学力観が大きく転換し、評価方法の研究が進展したことでしょう。まず、1998年改訂学習指導要領においては、「総合的な学習の時間」が導入されました。そこでは各学校が創意工夫を生かした教育活動を行うことが求められ、「自ら課題を見付け、自ら学び、自ら考え、主体的に判断し、よりよく問題を解決する資質や能力を育てる」ことがめざされることとなりました。また、そうした資質や能力は従来のようなテストでは評価できないことが明らかだったため、**ポートフォリオ評価法**が普及することとなりました。ポートフォリオとは、学習者の作品や自己評価の記録、教師の指導と評価の記録などを系統的に蓄積していくものです。またポートフォリオ評価法とは、ポートフォリオ作りを通して、学習者が自らの学習の在り方について自己

評価することを促すとともに，教師も学習者の学習活動と自らの教育活動を評価するアプローチを意味しています（西岡, 2003）。

さらに 2004 年には，OECD が実施する「生徒の学習到達度調査」（PISA）で，日本の子どもたちの読解力が OECD 参加国の平均程度という結果が出たことで，いわゆる PISA ショックが起こりました。その影響から，知識・技能を活用する思考力・判断力・表現力を重視する政策が推進されていくこととなりました。

章

2007 年改正学校教育法では，「知識及び技能」「思考力，判断力，表現力その他の能力」「主体的に学習に取り組む態度」が教育目標として位置づけられました。この目標観は，2008 年改訂学習指導要領でも踏襲されました。さらに，指導要録の 2010 年改訂にあたっては，パフォーマンス評価を推奨する方針が打ち出されました（中央教育審議会初等中等教育分科会教育課程部会, 2010）。**パフォーマンス評価**とは，知識やスキルを活用・応用・総合する力を見るために，学習の成果物やそれに関わる活動を評価する方法です。具体的には，自由記述問題や実技テスト，作品や一連のプロセスの実演を求めるパフォーマンス課題，ポートフォリオなどを用いて評価する評価方法となります（図 3-1）。

学習指導要領の 2017・2018 年改訂にあたっては，当初，教科横断で用いられるような汎用的スキルを重視する動向も見られたものの，最終的には「知識及び技能」「思考力，判断力，表現力等」「学びに向かう力，人間性等」という 3 つの柱で捉えられる「資質・能力」を育成するという目標観が採用されることとなりました。高校では，「総合的な学習の時間」が「総合的な探究の時間」に改められるなど，探究を重視する方針が強化されました。また，引き続きパフォーマンス評価やポートフォリオの活用も推奨されています（中央教育審議会, 2016）。高校においても「観点別学習状況」欄の評

図 3-1　さまざまな学力評価の方法

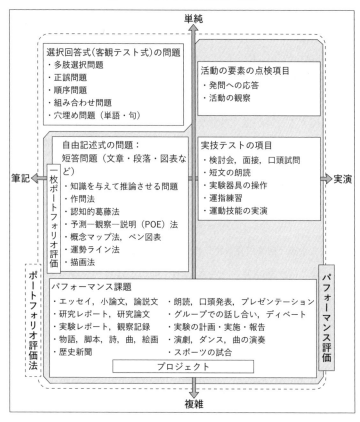

単純

選択回答式(客観テスト式)の問題
・多肢選択問題
・正誤問題
・順序問題
・組み合わせ問題
・穴埋め問題（単語・句）

活動の要素の点検項目
・発問への応答
・活動の観察

筆記

一枚ポートフォリオ評価

自由記述式の問題：
短答問題（文章・段落・図表など）
・知識を与えて推論させる問題
・作問法
・認知的葛藤法
・予測―観察―説明（POE）法
・概念マップ法，ベン図表
・運勢ライン法
・描画法

実技テストの項目
・検討会，面接，口頭試問
・短文の朗読
・実験器具の操作
・運指練習
・運動技能の実演

実演

ポートフォリオ評価法

パフォーマンス課題
・エッセイ，小論文，論説文
・研究レポート，研究論文
・実験レポート，観察記録
・物語，脚本，詩，曲，絵画
・歴史新聞

・朗読，口頭発表，プレゼンテーション
・グループでの話し合い，ディベート
・実験の計画・実施・報告
・演劇，ダンス，曲の演奏
・スポーツの試合

プロジェクト

パフォーマンス評価

複雑

(出所) 西岡，2016: 83。

価（以下，観点別評価）の実施が本格的に求められるようになり，多面的・多角的な評価を重視する方針が推進されています。

高大接続改革

　上記のような目標観の転換や評価方法研究の進展は，高大接続改

革の議論にも影響を与えることとなりました。高大接続システム改革会議「最終報告」(2016年3月，以下，「最終報告」) では，「知識・技能」「思考力・判断力・表現力」「主体性を持って多様な人々と協働して学ぶ態度」という「学力の3要素」を，多面的に評価する入試が推奨され，具体的には，次のような大学入試改革が進められることとなりました。

3
章

　まず，大学入試センター試験の後継として，大学入学共通テスト (以下，共通テスト) が導入されることとなりました。共通テストにおいては，知識・技能の習得のみならず思考力・判断力・表現力を求める出題を増やし，とくに国語と数学で記述式問題を取り入れることがめざされました。また，英語については，「聞く・話す・読む・書く」という4技能の評価を実現するため，英検，TOEFLなどの民間試験を活用することが構想されました。ただし，新制度の入試が近づくにつれ，これらの改革については批判が噴出し，英語民間試験の活用については2024年度以降に延期，記述式問題については2021年度入試における出題が中止となりました。

　一方で，各大学が実施する個別入学者選抜の改革も推進されました。2016年度入試において東京大学が推薦入試，京都大学が特色入試を導入，2017年度入試から大阪大学が全学部でAO入試か推薦入試を導入・拡大するなど，従来，AO入試・推薦入試を活用していなかったような大学でも，入試方法の多様化が進んでいます。2019年には学校教育法施行規則と大学設置基準が改正され，すべての大学に，「学位授与の方針」(ディプロマ・ポリシー)，「教育課程編成・実施の方針」(カリキュラム・ポリシー)，「入学者受け入れの方針」(アドミッション・ポリシー) という3つのポリシーの策定・公開が義務づけられることとなりました。さらに，AO入試，推薦入試は，2021年度入試より総合型選抜，学校推薦型選抜という名称

Column 2　入学試験を資格試験として行うための前提条件

　2001年改訂指導要録以降，採用されている「目標に準拠した評価」は，目標に到達できているかどうかに照らし合わせて評価を行うものです。しかし，入試というハイステイクスな（生徒の人生を大きく左右する）評価において選抜試験（相対評価）が行われている限り，「目標に準拠した評価」の原則を下級学校のカリキュラムに貫徹することは困難をともないます。田中耕治（2008: 188-189）は，入学・進級・卒業決定のための試験を選抜試験方式から資格試験方式（身につけておくべき学力が身についているかどうかを測る試験）に変えていくために，次のような前提条件を提言しています。

　①下級学校の教育目標が到達目標化されて，［筆者注（以下同）：社会的に］公認されていること。

　②「内申書」は生徒の学力実態（目標の到達度）と指導方針を明示できるような様式にしておくこと。

　③上級校は，アドミッション・ポリシー［入学者の受け入れに関する方針］を公開し，下級校に対して説明責任（アカウンタビリティ）を負うこと。

　④出題や資格認定は，上級校と下級校の協力で行い，公正で妥当な評価方法を確立すること。

　⑤有資格者数は，年度ごとに変動することを前提とした制度にしておくこと。

　⑥受験機会を複数化しておき，未到達目標は［再チャレンジのための］指導・学習の資料とすること。

　⑦個別科目の選択受験方式を採用して，科目ごとに合否を決定すること。

　選抜試験による入試は，順位だけで合否を決めてしまうものです。しかし，入試を選抜試験から資格試験へと転換できれば，上級校へと進学するために求められる学力の内実が明確になります。このような転換は，下級校での学力保障をも迫るものとなることでしょう。また，入試は単なる選抜資料としてだけでなく，上級校における診断的評価

> としての意味をもつものともなります。入試の制度と内容を考えることは，下級校と上級校の間で教育内容をどう接続するかを問うことであり，カリキュラム編成の重大な一局面として位置づくものなのです。

に変更され，学力評価が必須化されました。ただし，定員確保に困難を抱える大学において，学力評価がどれだけ実質的な役割を担っているかについては疑問が残ります。

　高校生の学習・活動歴を評価する入試も推進されました。とくに「主体性を持って多様な人々と協働して学ぶ態度」を評価するための1つのツールとしては，文部科学省の大学入学者選抜改革推進委託事業（2016-18年度）によりポータルサイト「JAPAN e-Portfolio」が開発されました。しかし，利用大学数が伸び悩んだため，2020年8月に認可が取り消されてしまいました。ただし，総合型選抜や学校推薦型選抜においては，電子化されていない形態でのポートフォリオを入試の評価資料とする例も見られます。

高等学校の特色化と高校入試の動向

　このような高大接続改革の動向は，高校教育の在り方や高校入試にも影響を与えつつあることがうかがわれます。

　中央教育審議会（2021）では，義務教育に関しては，「誰一人取り残さない，ということを徹底する必要がある」と述べています。しかしながら，高等学校に関しては，「生徒の多様な能力・適性，興味・関心等に応じた学びを実現することが必要である」と論じています。そして，「各高等学校の特色化・魅力化」という方針が打ち出されています。具体的には，「①各高等学校の存在意義・社会的役割等の明確化（スクール・ミッションの再定義）」「②各高等学校

の入口から出口までの教育活動の指針の策定（スクール・ポリシーの策定）」「③『普通教育を主とする学科』の弾力化・大綱化（普通科改革）」「④産業界と一体となって地域産業界を支える革新的職業人材の育成（専門学科改革）」などがめざされています。スクール・ポリシーとは，各学校がそのミッションを踏まえて策定する３つのポリシー（①卒業の認定に関するグラデュエーション・ポリシー，②教育課程の編成及び実施に関するカリキュラム・ポリシー，③入学者の受け入れに関するアドミッション・ポリシー）を指します。まさしく，大学で導入された３つのポリシーの高校版といえるでしょう。

　では，実際の高校入試はどのように行われているのでしょうか。まず2022年現在，高等学校への進学率は，98.8％に上っています（文部科学省，n.d.a）。2019年度において，全日制に通う高校生の割合は91.7％，定時制は2.4％，通信制は5.9％です（文部科学省「学校基本調査」）。また，高校生の学科別の割合を見ると，普通科73.1％，総合学科5.4％，専門学科21.5％となっています。

　表3-1には，2024年度の都道府県立高等学校（普通科）で実施されている入試の種別を整理しています。一般入試に主軸を置いている都道府県が依然として多いなか，一般入試の機会を２回から１回に統合し，１回の入試で複数の選抜方法を採用する傾向が見られます。また，推薦入試については校長推薦から自己推薦に移行する都道府県が多く，先進的に自己推薦型を導入したところが，「特色選抜」などの名を冠して改革を進めている様子がうかがわれます（「特色化選抜」「特別選抜」といった名称の場合もあります）。なお，一般入試と特色選抜を同日日程に一本化する動きも見られます。

高校入試の多様性

　ここでは特徴的な高校入試の方法を採用している都道府県として，

表 3-1　都道府県立高等学校（普通科）の入試の種別（2024 年度）

類　型	都道府県名	備　考
一般入試のみ（受験機会は実質的に 1 回のみ）	青森，埼玉，和歌山，高知，佐賀 山形：2014 年度より推薦入試を廃止 千葉：2021 年度より前期・後期を一本化 群馬：2023 年度より前期・後期を一本化 大阪：2016 年度より前期・後期を一本化 広島：2023 年度より推薦入試の選抜Ⅰと一般入試の選抜Ⅱを一本化	補欠募集もある
一般入試のみ（受験機会 2 回）	京都	補欠募集もある
推薦入試（校長推薦型）＋一般入試	東京，福井，石川，富山，新潟（名称は特色化選抜），山口，愛媛，大分，鹿児島，沖縄 岩手：2025 年度より推薦入試を廃止して自己推薦型の特色選抜に移行予定 島根：2025 年度より自己推薦型に移行予定	
推薦入試（自己推薦型）＋一般入試	北海道，香川，宮崎	
推薦入試（校長推薦型）と特色選抜の併存＋一般入試	愛知，兵庫，滋賀，福岡	
特色選抜＋一般入試	栃木，長野，山梨，三重，岡山，熊本 奈良：2026 年度よりすべての学科が特色選抜と一般入試を「共通選抜」として一本化予定 長崎：2021 年度より校長推薦型を廃止 鳥取：2023 年度より校長推薦型を廃止 徳島：育成型選抜（特色＋学科）＋前後期（前：一般，後：特色）＋連携型選抜	三重，奈良，岡山，熊本は，一部の普通科のみ特色選抜を実施
特色選抜と一般入試の同日実施型	宮城，福島，茨城，神奈川，岐阜，静岡 秋田：2023 年度より従来の特色選抜と一般入試を「1 次募集」として同日実施に変更	

（注）各都道府県において，一般入試以外の入試種別について名称の統一は見られないが，ここでは推薦書の必要なものを「推薦入試」，それ以外の志望理由書などを資料とするものを「特色選抜」として扱った。なお，作成にあたっては，各都道府県の高校入試の情報サイトを参照したほか，Benesse 進研ゼミ中学講座「高校入試情報サイト」などを参考にした。
（出所）市橋千弥・清水一希作成。

千葉県，長野県，徳島県に注目してみましょう（以下の情報については各県の関連サイトを参照しました）。

■**千葉県**　千葉県では，2021 年度入試から新制度になり，一般入学者選抜へ一本化されています。一般入学者選抜は 2 日間をかけて行われ，1 日目は全員に 5 教科の学力検査が実施されます。2 日目は，高校ごとに定める学校設定検査が実施されます。学校設定検査は面接，集団討論，自己表現，作文，小論文，適性検査，学校独自問題，その他の検査から 1 つ以上を各高校が選択し，実施しています。調査書（内申書）の必修教科の評定の全学年の合計値とその他の記載事項，学力検査の成績，学校設定検査の結果などの選抜資料は，原則として各高校の定める配点によって得点化し，合計した総得点をもとに合否が判定されています。

　なお千葉県では，2014 年度より「地域連携アクティブスクール」と呼ばれる新しいタイプの普通科も設置されています。これは，「中学校で十分力を発揮できなかったけれども，高校では頑張ろうという意欲を持った生徒に，企業や大学など地域の教育力を活用しながら，『学び直し』や『実践的なキャリア教育』を行い，自立した社会人を育てる，新たなタイプの学校」とされており，普通科の特色化の動向の 1 つの例といえるでしょう。「地域連携アクティブスクール」の選抜資料としては，3 教科（国語・数学・英語）の学力検査，調査書，面接，自己表現（スピーチ，作文，または実技）を用いている例が見られます。

■**長野県**　次に，長野県の前期選抜（自己推薦型選抜）は，約半数の普通科，並びにすべての専門学科・総合学科で実施されています。普通科の場合，前期選抜の募集人員は定員の 50％以内です。中学校長の推薦は不要で，選抜は調査書，面接（全員に課される）と，志願理由書（または自己 PR 文），作文（または小論文），実技検査のなか

から各高校が定めた検査を総合するかたちで行われます。学力検査は行われないことから、調査書の占める重要度がかなり大きいことがうかがえます。

　一方、後期選抜（一般選抜）はすべての高校・学科で実施されます。選考は、おもに調査書の評定合計（内申点）と学力検査の結果から作成される相関図と、高校・学科ごとに実施する面接や志願理由書（または自己 PR 文）、作文（または小論文）、実技検査の結果や調査書の評定以外の記録も併せて総合的に判定されます。

■**徳島県**　　徳島県では、2023 年度入学者選抜から、それまでの特色選抜に替わり「育成型選抜（活動重視枠、実績重視枠）」を導入しました。活動重視枠では、各高校がより特色を出して活性化したい運動分野、文化分野やスクール・ポリシーに関連した分野で募集が行われます。検査内容は、調査書、学力検査、活動記録（受験生が作成）が必須であり、実技等または面接のどちらかが課されます。実績重視枠は、運動部指定競技だけでなく新たに文化部指定分野でも募集されることとなりました。検査内容は、活動記録、実技等、学力検査、調査書が必須であり、面接が実施される場合もあります。同時に、一般選抜の学力検査においても、各高校のスクール・ポリシーに基づいた傾斜配分が導入されることとなりました。

　育成型選抜の実績重視枠における体育科・芸術科の募集人員が募集定員の 100% であるのに対し、活動重視枠における募集人員は、普通科・理数科・外国語科が募集定員の 7% 以内、専門学科（体育科・芸術科を除く）・総合学科が募集定員の 14% 以内にとどまっています。しかしながら、従来、高校入試の推薦入試でイメージされてきた体育や芸術分野以外の分野（例えば理数探究分野、英語運用能力分野）で、スクール・ポリシーに基づいた入学者選抜が行われる動きが見られることは注目に値するでしょう。

このように高校入試の在り方は都道府県によって多種多様であり，かつ各校の特徴（スクール・ポリシー）を反映させつつ多様な選抜資料が用いられる動向があります。内申書や従来型の学力検査だけでなく，作文，志望理由書や中学時代の実績など，多彩な資料が選抜に用いられる動きが見られます。

3　子どもたちの学びの姿

　では，このような改革が進められる背後には，どのような子どもたちの学びの姿があるのでしょうか。

中学校における学力格差と不登校の増加

　まず，注目しておかなくてはならないのは，子どもたちの間に広がる学力格差です。図 3-2 は，2023（令和 5）年度全国学力・学習状況調査（中学校・数学）の正答数分布グラフです。とくに数学については，格差が大きく広がる様子がグラフに表れており，また公

図 3-2　2023 年度全国学力・学習状況調査（中学校，数学）の正答数分布

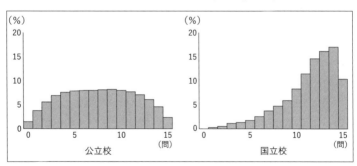

（注）横軸は正答数，縦軸は割合。
（出所）国立教育政策研究所，2023 をもとに作成。

立校と国立校とでまったく異なる分布となっていることがわかります。つまり，中学校段階においてすでに，学校内における学力格差だけでなく学校間の学力格差も，大きく開いていることがわかります。

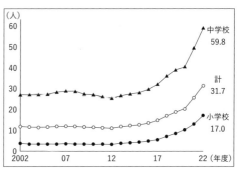

図3-3 不登校児童生徒数の推移（1000人当たり不登校児童生徒数）

（出所）文部科学省，2023をもとに作成。

　学校でうまく学べていない子どもたちの増加も気がかりです。文部科学省が2023年10月に公表した「令和4年度児童生徒の問題行動・不登校等生徒指導上の諸課題に関する調査結果」では，学校におけるいじめの認知件数，暴力行為の発生件数，不登校とされる児童・生徒の数が2022年度には過去最多を記録したことが明らかになりました。図3-3に示すように，とくに中学校において，不登校生徒数の増加が著しいことがうかがわれます。

子どもたちの学習意欲と学習時間

　子どもたちの学習意欲はどうでしょうか。残念ながら，子どもたちの学習意欲は，学年が上がるにつれて下がる傾向が見られます。例えば，図3-4は，「ためになると思える授業がたくさんある」と答えた生徒たちの割合です。

　図3-5は，「あなたはふだん，授業の予習・復習や受験勉強を家や塾でどのくらいしていますか」という問いに対する回答の推移を

図3-4 「ためになると思う授業がたくさんある」
と回答する生徒の割合

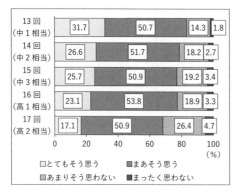

（出所）新しい時代の高等学校教育の在り方ワーキンググ
　　　ループ，2020をもとに作成。文部科学省・厚生労働省，
　　　2018に基づいて作成されたもの。

図3-5　学校外での学習時間（平日）

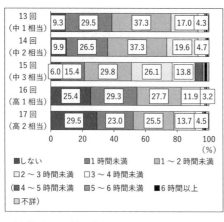

（出所）新しい時代の高等学校教育の在り方ワーキンググ
　　　ループ，2020をもとに作成。文部科学省・厚生労働省，
　　　2018に基づいて作成されたもの。

見たものです。高校進学後に「しない」と回答する割合が急増することがわかります。中学3年生時には成績が下位になるにつれ，学校外での学習時間も減少するというデータもあります。

　「最終報告」に添付された参考資料では，「平日，学校の授業時間以外に全く又はほとんど勉強していない者は，高校3年生の約4割」を占めること，「高校生の学校外の平均学習時間については，中上位層には大幅な減少からの改善傾向が見られるものの，下位層は低い水準で推移している」ことが紹介されています。また，「米中韓の生徒に比べ，日本の生徒は，『自分を価値ある人間だ』とい

う自尊心を持っている割合が半分以下，『自らの参加により社会現象が変えられるかもしれない』という意識も低い」というデータもあります。

"大学全入時代"における大学入試の状況

高校生の学習時間が減少した背景には，2010年代，大学の志願者数と入学者数の差は年々縮まり，いわゆる**"大学全入時代"**を迎えたことも影響していると考えられます。威信のある大学においては幅広い教科の学力が高い水準で求められるなど大学入試の選抜性が維持されているのに対し，定員確保に困難を抱える大学では事実上**「学力不問」**の入試が広がっています（「最終報告」）。すなわち，**「エリート選抜」**と**「マス選抜」**の二重構造（中村，2011）といわれるような状況が生まれています。より正確には，高校から大学への移行パターンが細かく断片化するような**「セグメント化」**が起こっていると指摘されています（日本学術会議 心理学・教育学委員会 高大接続を考える分科会，2023: iv）。

今や，大学入試に向けた受験勉強が高等学校における学習動機となる生徒の層はきわめて限られるという状況が見られます。2021年度の大学入学者約61万5000人のうち，総合型選抜（旧・AO入試）は12.7％，学校推薦型選抜（旧・推薦入試）は37.6％となり，合計ではじめて半数を超えました（『日本経済新聞』2022年8月15日付）。一般選抜（旧・一般入試）を通過する場合も，学力検査の対象となる教科数や測られる学力の幅は限定的です。図3-6は，2019年度入試におけるセンター試験の利用状況に照らした募集人員を示しています。国公私立合計の募集人員のうち，一般入試でセンター試験と個別入試を併用しているのは，18.5％にすぎません。さらに，大学入試で求められる教科数は，必ずしも多くはありません。一般

図 3-6　2019 年度入試における大学入試センター
　　　　試験利用状況

国公私計【募集人員：603,649 人】

センター試験利用入試
164,699 人
27.3%

センター試験のみ
53,216 人
8.8%

AO 入試・推薦入試等
230,583 人
38.2%

個別入試と併用
111,483 人
18.5%

一般入試
373,066 人
61.8%

個別入試
（センター試験不利用）
208,367 人
34.5%

（出所）文部科学省，2020，参考資料 2 をもとに作成。

入試であっても，2 科目以下で入試を行っている大学がかなりの数に上っています。

　「最終報告」の参考資料では，大学入学者の学力が不足していることを示唆する調査結果も紹介されています。大学の学科長に対する調査では，「義務教育（中学校）までで身につけるべき教科・科目の知識・理解が不足している学生」が「半分以上」いると回答したのが 18.1%，「3 割くらい」と回答したのは 28.7% です。四年制大学に進学予定の 3 年生の学力・学習の状況について高校の校長に尋ねた結果でも，同様か，さらに深刻な状況認識が示されています。実際に，378 大学（全体の 51%）が，「高等学校段階の教育内容を扱う補習授業を実施」しています。

4　学校間接続において残された課題

　以上のような状況を踏まえると，中学校と高校の接続においては，今後，何が課題となるでしょうか。また，その課題を克服するうえで，内申書にはどのような役割が求められるのでしょうか。

第1に求められるのは，中学校・高等学校における学力水準を高めること，とくに中学校段階において保障されるべき学力をすべての子どもたちに保障することといえるでしょう。"大学全入時代"において，大学入学の時点で義務教育段階で身につけるべき学力が十分に身についていない学生がかなりの数に上るという指摘がなされていることは，深刻な事態といわざるをえません。

　義務教育段階で保障すべき学力をすべての子どもに保障するためには，中学校卒業時の学力評価を，ある程度，標準化しつつ点検するしくみの構築が必要です。具体的には，内申書の原簿となる指導要録の成績づけについて，個々の教師や学校の判断に委ねるのではなく，学校を越えて標準化するしくみが求められます。ただし，子どもたちや学校の実態に合い，教師たちの願いや実感に合った枠組みを作るためには，トップダウンで既定の枠組みを強制するのではなく，学校群を基盤としながらボトムアップで枠組みを構築していくことが重要でしょう。この点で，第7章で紹介する「乙訓（おとくに）スタンダード」の取り組みは注目に値します。

　第2に，子どもたちの学習意欲を高めるためには，学習そのものの意義を子どもたち自身が感じることができるような学習機会を学校で保障していくことが重要です。そのためには，育むべき「資質・能力」（目標）の構造を適切に捉えておくことが求められます。

　2017・2018年改訂学習指導要領でいう「思考力，判断力，表現力等」は，知識・技能を単に暗記・再生することにとどまらず，リアルな状況で使いこなすことを求めるものです。そのような力を保障するためには，教科においてパフォーマンス課題を活用することが有効です。また，「学びに向かう力，人間性等」は，「どのように社会・世界と関わり，よりよい人生を送るか」に関わるものとして位置づけられています。この点については，「総合的な学習（探究）

表 3-2　能力・学習活動の階層レベルと評価方法の例

A. 能力・学習活動の階層レベル		B. 評価方法の例
教科等の枠づけのなかでの学習	1. 知識の獲得と定着（知っている・できる） ※「事実的知識」「個別的スキル」	・選択回答式（客観テスト式）の問題
	2. 知識の意味理解と洗練（わかる） ※「転移可能な概念」「複雑なプロセス」	・自由記述式の問題
	3. 知識の有意味な使用と創造（使える） ※「本質的な問い」「原理や一般化」についての「永続的理解」	・パフォーマンス課題
学習の枠づけ自体を学習者たちが決定・再構成する学習	4. 自律的な課題設定と探究（メタ認知システム）	・小論文 ・「総合的な学習（探究）の時間」などのポートフォリオ
	5. 社会関係の自治的組織化と再構成（行為システム）	・「総合的な学習（探究）の時間」や特別活動などについてのポートフォリオ

（出所）西岡，2017: 205 の表を一部修正。A の欄については，石井，2015: 23；ウィギンズ／マクタイ，2012 をもとに作成。

の時間」において探究的な学習に取り組み，その履歴を蓄積するポートフォリオ評価法を活用することが有意義でしょう。このような取り組みを進めることで，テストや受験のための学習ではなく，学習そのものの意義を感じさせる効果が期待できます。そこで，内申書においても，各教科の観点別評価，並びに「総合的な学習の時間」の評価を重視することが重要だと考えられます。

　なお，表 3-2 が示す通り，「能力・学習活動の階層レベル」と「評価方法」には，ある程度の対応関係が見られます。しかし，現状では，大学入試においても高校入試においても，能力・学習活動

のレベル3「知識の有意味な使用と創造（使える）」をパフォーマンス課題を用いて評価するしくみは，ほとんど整っていません。パフォーマンス課題は，学校において単元での学習を通して取り組む課題であるため，下級学校の教師たちが与え，評価するものとなります。例えば，第10章で紹介されている国際バカロレアは，各教科での学力評価計画のなかにパフォーマンス課題を位置づけ，標準化したかたちで評価が行われています。

　最後に，高校の特色化が進むなかで，いかに子どもたちのニーズや志向性とのマッチングを図っていくのかも問われています。高校の特色化は，悪くすると高校の序列化をもたらしかねません。高校間の序列化に陥らないためには，各学校のポリシーと子どもたちの進学希望とのマッチングを図るという発想（キャリア教育）が，中学校・高校間の接続に位置づけられることが重要でしょう。

　この点では，中学校の学習履歴を高校入試で評価する方法として，受験生が作成する志望理由書や学習記録などを活用する動きが登場していることにも注目しておく価値があるでしょう。学校が作成する内申書に合わせて，子どもたちが学習履歴を蓄積したポートフォリオを用いて直接，高等学校にアピールするような入試の在り方も今後，拡大することが期待されます。

ま と め

　本来，内申書を含めた入試の在り方は，学校間接続の在り方のなかに位置づけて検討することが求められます。現在，中学校段階において大きな学力格差が広がっており，中学校から高校に進むにつれて学習意欲・学習時間の低下が見られます。少子化が進むなかで，"大学全入時代"が到来し，高校においても大学入試に向けた準備が学習動機となる生徒の層は限られています。

そこで，今後の高校入試においては，中学校卒業段階での学力水準を保障する，子どもたちにとって学習そのものの意義が感じられるような学習機会を拡大する，といった改革が求められます。そのためには，内申書のなかでパフォーマンス課題による評価を重視しつつ，評価を標準化していくことが重要です。一方で，子どもたち自身がポートフォリオを用いて自己アピールするような取り組みを拡充させ，特色ある高校とのマッチングを図ることも有意義でしょう。

引用・参考文献 ────────────────────────

新しい時代の高等学校教育の在り方ワーキンググループ（2020）「新しい時代の高等学校教育の在り方ワーキンググループ（審議まとめ）」

石井英真（2015）『今求められる学力と学びとは──コンピテンシー・ベースのカリキュラムの光と影』日本標準

ウィギンズ，G／マクタイ，J.（西岡加名恵訳）（2012）『理解をもたらすカリキュラム設計──「逆向き設計」の理論と方法』日本標準

国立教育政策研究所（2023）「令和5年度　全国学力・学習状況調査　調査結果資料【全国版／中学校】」（https://www.nier.go.jp/23chousakekkahoukoku/factsheet/middle.html）

佐々木亨（1984）『大学入試制度』大月書店

清水一彦（2016）「教育における接続論と教育制度改革の原理」『教育学研究』第83巻第4号，384-397.

志水宏吉（1989）「中等教育の社会学──研究動向の整理と展望」『教育学論集』第18号，1-21.

大学入試のあり方に関する検討会議（2021）「提言」（https://www.mext.go.jp/b_menu/shingi/chousa/koutou/103/index.htm）

田中耕治（2008）『教育評価』岩波書店

中央教育審議会（2016）「幼稚園，小学校，中学校，高等学校及び特別支援学校の学習指導要領等の改善及び必要な方策等について（答申）」

中央教育審議会（2021）「『令和の日本型学校教育』の構築を目指して──全ての子供たちの可能性を引き出す，個別最適な学びと，協働的な学びの実現（答申）」

中央教育審議会初等中等教育分科会教育課程部会（2010）「児童生徒の学習評価の在り方について（報告）」

中央教育審議会初等中等教育分科会高等学校教育部会（2014）「初等中等教育分科会高等学校教育部会審議まとめ──高校教育の質の確保・向上に向けて」

(https://www.mext.go.jp/component/b_menu/shingi/toushin/__icsFiles/afieldfile/2014/07/25/1349740_1.pdf)

中村高康（2011）『大衆化とメリトクラシー——教育選抜をめぐる試験と推薦のパラドクス』東京大学出版会

西岡加名恵（2003）『教科と総合に活かすポートフォリオ評価法——新たな評価基準の創出に向けて』図書文化社

西岡加名恵（2016）『教科と総合学習のカリキュラム設計——パフォーマンス評価をどう活かすか』図書文化社

西岡加名恵（2017）「大学入試改革の現状と課題——パフォーマンス評価の視点から」『名古屋高等教育研究』第 17 号，197-217.

西岡加名恵（2021）「大学入試改革の動向」京都大学大学院教育学研究科教育実践コラボレーション・センター監修，南部広孝編『検証　日本の教育改革——激動の 2010 年代を振り返る』学事出版

日本学術会議　心理学・教育学委員会　高大接続を考える分科会（2023）「日本における高大接続の課題——『セグメント化』している現状を踏まえて」(https://www.scj.go.jp/ja/info/kohyo/pdf/kohyo-25-h230926-6.pdf)

日本経済新聞（2022）「大学入試，偏差値時代終幕の足音　推薦・総合型が過半に」8 月 15 日

細尾萌子（2017）「学校種間の教育接続と入試」高見茂・田中耕治・矢野智司・稲垣恭子監修，西岡加名恵編『教育課程』協同出版

増田幸一（1961）「総論」増田幸一・徳山正人・斎藤寛治郎編『入学試験制度史研究』東洋館出版社

文部科学省（2020）「大学入試のあり方に関する検討会議（第 16 回）配布資料」

文部科学省（2023）「令和 4 年度児童生徒の問題行動・不登校等生徒指導上の諸課題に関する調査結果」

文部科学省（n.d.a）「1. 学校教育総括　文部科学統計要覧（令和 5 年版）」(https://www.mext.go.jp/b_menu/toukei/002/002b/1417059_00008.htm)

文部科学省（n.d.b）「高校生のための学びの基礎診断」(https://www.mext.go.jp/a_menu/shotou/kaikaku/1393878.htm)

文部科学省・厚生労働省（2018）「第 16 回 21 世紀出生児縦断調査（平成 13 生出生児）」

Benesse 進研ゼミ中学講座「高校入試情報サイト」(https://czemi.benesse.ne.jp/open/nyushi/exam/)

3
章

Chapter 4 内申書の開示問題
内申書は見ることができるのか

はじめに

　高等学校入学者選抜においては，基本的に中学校が生徒の受験先に向けて，生徒の学習状況を伝えるために作成した内申書（以下，本章では公文書を多く扱うことから，用語や引用を除いて「調査書」と記す）が使用されます。調査書の内容が合否に影響することもあるため，調査書は正確に公平に作成することが求められます。しかしながら，ときに調査書の誤記載が発覚し，本来は合格であったはずにもかかわらず，不合格になった生徒がいたというケースも報告されています。調査書に記載される事項については多くの場合，通知表や，自治体によっては「調査書記載事項通知（確認）書」を通じて事前に生徒や保護者に伝えられます。ただし，実際に高等学校に提出される，あるいは提出された調査書を見たいと考える読者も少なくはないでしょう。実際に，私たちは調査書を見ることはできるのでしょうか。調査書を見ることができない場合，それはどのような理由によるのでしょうか。また，見られない場合，どのような問題が生じ得るでしょうか。本章では，歴史を紐解きながら，これらの問いを探ってみます。

1 「内申書開示」をめぐる裁判の歴史

「内申書裁判」の経緯

　「**内申書開示**」（以下，調査書開示）をめぐる裁判の歴史を紐解くにあたって，最初にいわゆる「**内申書裁判**」を取り上げます。内申書裁判は，直接的に調査書の開示をめぐって争われた裁判ではありません。しかしながら，この裁判は，これ以後の調査書の開示・非開示をめぐる立場に足場を提供しており，調査書開示問題を検討するうえで欠かせない例であるといえます。

「内申書裁判」の概要

　概要は次の通りです。1971 年 3 月，東京都千代田区立麹町中学校を卒業した生徒 A は，高校進学を希望し，公立高校及び 4 つの私立高校を受験したところ，いずれも不合格となりました（『判例タイムズ』675 号: 59-101）。高等学校入学者選抜は，学力検査と調査書に基づいて行われていました。各高校へ提出された生徒 A の調査書ではいずれも，その「**行動及び性格の記録**」欄所定の 13 項目中「基本的な生活習慣」「自省心」「公共心」の 3 項目が，「特に指導を要する」という「C」評定とされていました。さらに，備考欄及び特記事項欄におおむね「校内において麹町中全共闘を名乗り，機関紙『砦』を発行した。学校文化祭の際，文化祭粉砕を叫んで他校生徒と共に校内に乱入し，ビラまきを行った。大学生 ML 派［筆者注（以下同）：政治活動団体］の集会に参加している。学校側の指導説得をきかないで，ビラを配ったり，落書をした」との記載が，欠席の主な理由欄に「風邪，発熱，集会又はデモに参加して疲労のため」という趣旨の記載がされていたことが後日判明しました。そこで，生徒 A が高校不合格の原因は調査書の記載にあるとし，それに抗

議するために卒業式闘争を主張していたところ，学校は生徒Aの卒業式を他の生徒の卒業式から分離して行うこととし，卒業式当日に，母親と登校してきた生徒Aを教室内に連れ込み，卒業式が終了するまで監禁しました。

　生徒Aは，①高校不合格の原因は調査書の記載にあり，それは生徒Aの思想信条に基づく行為を理由にしたもので，教師の**教育評価権**の裁量の範囲を逸脱したものであり，生徒Aの**学習権**を違法に侵害した，②卒業式への出席禁止及び生徒Aのみの分離卒業式の実施は，中学校長の権限の濫用であり，生徒Aの学習権を違法に侵害した，③卒業式当日生徒Aを監禁したのは違法である，と主張して，東京都及び東京都千代田区に対し，国家賠償法に基づき慰謝料300万円の支払いを求めました。

　東京地裁での第一審判決（1979年3月28日）では前記①及び③について生徒Aの請求を認め，東京都らに対して200万円の支払いを命じました。①については，「調査書におけるA，B，Cの三段階の分類評定及び理由の付記は……評定が具体的事実に基づかないか，評定に影響を及ぼすべき前提事実の認定に誤りがあった場合，又は非合理的もしくは違法な理由もしくは基準に基づいて分類された場合等には，当該評定は，不公正または不平等な評定というべきであり，教師の教育評価権の裁量の範囲を逸脱したものとして違法というべき」であるとし，生徒Aの行為は中学生としての真摯な政治的思想，信条に基づく言論，表現の自由に係る行為であり，本件調査書の記載は生徒Aの高校へ進学して教育を受ける権利（学習権）を侵害したものであると判示しました。また，③について，卒業式の混乱を避けるために教師たちが生徒Aを「拘束」したことも違法であるとしました。

　しかしながら，続く，被告側の控訴による東京高裁での第二審判

決（1982年5月19日）では，前記①及び②について生徒Aの主張が排斥されました。①については，本件調査書の記載はすべて事実に即しており，違法とされるような特段の事情はないとされました。「［生徒Aが主張する］学習権ないし進学権が万人に保障されたものであるにしても，各人の能力に応じた分量的制約を伴うものであり，進学の際に選抜が当然視されるのはその故であって，調査書制度自体には憲法上あるいは法律上の問題の生ずる余地はなく，調査書が生徒にとり有利に働くこともあれば不利に働くこともあるのは事柄の性質上当然のこと」とされました。卒業式当日に生徒Aを教室に「拘束」したことが違法であることについては，第一審の判断が維持され，東京都らに対して10万円の支払いが命じられました。

その後，生徒Aは上告しましたが，最高裁判所第二小法廷は，上告を棄却しています（1988年7月15日）。上告の理由は，8点挙げられていましたが，すべて排斥されています。ここではそのなかでも主要なものを挙げてみます。まず，調査書の記載は，「上告人の思想，信条そのものを記載したものでないことは明らか」であり，「上告人の思想，信条自体を高等学校の入学者選抜の資料に供したものとは到底解することができない」ため，憲法第19条（思想，良心の自由）に違反するという主張は採用できないとされています。また，憲法第21条（表現の自由）に違反するという上告側の主張に対しては，上告人が生徒会規則に違反し，校内の秩序に害があるような行動に及んできた場合，表現の自由といえどもそのような行為を許容するものでないことが指摘されています。また，そもそも生徒Aの性格や行動を，把握し得る客観的事実として調査書に記載しても，生徒Aの表現の自由を侵したり違法に制約したりするものではないとされています。さらに，教育上のプライバシーの権利という視点からは，「本件調査書の記載による情報の開示は，入学

者選抜に関係する特定小範囲の人に対するものであって情報の公開には該当しない」と結論づけられています。

「内申書裁判」がもたらしたものとは

　このような内申書裁判の判決については，①**教師の教育評価権と生徒の学習権**，②**生徒の表現の自由**，③調査書での評定・記載における**校長の裁量権**，④**教育上のプライバシーの権利**に関して問題点があったのではないかとの指摘があります（山崎，1990）。ここでとくに④に関して詳述してみると，例えば，「情報プライバシー権」という視点から，本人に秘匿された**個人情報**が，未だ教育関係が成立していない他者である受験校に開示されることの問題性が指摘されています（成嶋，1988）。また個人情報が誰にも開示されず誰の批判にもさらされずに，こっそりと作成され伝達されることで，評価者の偏見・誤解・不注意その他の欠陥ゆえに，「不公正」にわたり得ることの危険性についての指摘（奥平，1981）もなされています。

　さらにいえば，実はこの裁判は，調査書の記載を主要な争点としながらも，驚くべきことに調査書本文は生徒Aにも裁判所にも非公開のまま進められていました。もちろん，生徒A自身は調査書の法廷への提出を求めています。第一審の過程で調査書の文書提出命令申立を行いましたが，それに対しては非公開の主張を認める決定がなされました（1975年10月8日〔東京地裁〕）。そのおもな理由は資料4-1の通りです。

　資料4-1のように，公正性を保つため，また教育的見地から，調査書非公開の主張が認められました。生徒Aの調査書の記載は原告の主張と大筋において相違するところはなく，一言一句まで明らかにされなくても生徒Aに不利益を与えるものとは解されないと考えられたのです。これ以降，調査書は公開されないものであるという意識が広まり，ここでの決定は，以後の調査書開示をめぐる

資料 4-1 「内申書裁判」での調査書非公開の主張を認めるおもな理由（一部抜粋）

> ・「いわゆる内申書と呼ばれるものは，その性質上専ら教育的見地から公正な判断に基づいてありのままに記載されることが原則的には望ましいと解すべきであり，そのためには記載内容が絶対的に秘密であることが制度上保証されていることが必要であり，これによって右の公正が担保されるというべきである」
> ・「およそ人格評価のたぐいは，それを公正に行おうとすれば，良い評価にせよ悪い評価にせよ，その者の面前においてもしくは公開されることを前提としては容易になし得ないことは経験則上明らかであって，内申書の場合も生徒の人格評価と密接な関連を有するから右と同様のことがいい得るからである」
> ・「たとえ当該生徒の承諾があったとしても，それが公表されるにおいては教育的見地よりして当該生徒に対し有害な影響を及ぼさないとはなし難い」

（出所）『判例時報』841 号: 145-147。

裁判で非開示側の主張を支える根拠を提供することとなりました。

　一方で，内申書裁判は調査書の非開示の問題性や危険性に光を当てる契機となった側面もあります。これまでに示してきたような問題性や危険性に自覚的な一部の教師が，調査書を本人に秘匿したまま作成することに問題意識を感じるようになったことは想像に難くありません。すなわち，内申書裁判は，一部の教師の間で，調査書を本人に見せる取り組みが始まる契機ともなったのです。内申書裁判は，まさに，その後の調査書の開示をめぐる，真っ向から対立する 2 つの立場の足場を提供した裁判であったといえます。

調査書（内申書）と指導要録の関係

　その後の調査書開示をめぐる裁判について論じる前に，調査書と指導要録の関係について触れておきたいと思います。**調査書**は，高等学校等の入学者選抜で用いられる資料として，学力検査で把握できない平素の学習状況等を伝えるために作成されます。校長は，進学しようとする生徒がいる場合，基本的にはその生徒が進学しようとする学校の校長に調査書その他必要な書類を送付することが，学

校教育法施行規則第78条と第90条で義務づけられています。

　一方，**指導要録**は，指導に関する記録と学籍に関する記録からなる表簿です。指導に役立てる**指導機能**と外部に対する証明を果たす**証明機能**を有します。国が参考様式等を通知していますが，実際に様式を決定するのは学校の設置者です。学校教育法施行規則第24条，第28条において，その作成と保存（指導に関する記録5年，学籍に関する記録20年）が義務づけられています。調査書は基本的に指導要録に基づいて作成されますが，作成時期や様式の相違などから必ずしも同じ内容とならない場合もあります。合格し，進学する際に，指導に役立てるために指導要録の抄本（もしくは写し）が進学先に送付されることになります。

　このように，調査書と指導要録は，その目的や機能は異なりますが，密接な関係をもっています。調査書開示をめぐる裁判のなかには，同時に指導要録の開示を求める裁判もあります。したがって，本章では，調査書のみならず，指導要録の開示を争う裁判も併せて取り上げます。

調査書開示をめぐる裁判──高槻市の事例を中心に

　表4-1は，調査書・指導要録の開示を争うこれまでの裁判の一覧です。なお，これ以外にも裁判が行われた可能性はありますが，判例集等で確認できなかったものは表4-1から外しています。

　ここで，表4-1のうち，調査書開示をめぐる裁判のなかでも，とくに有名な高槻市の事例（③，④）を取り上げます。概要は次の通りです。1991年1月当時，市立中学3年生であった生徒Bは，志望校を決める参考にするため等の理由で，公立高校への入学願書の提出に先立ち，高槻市個人情報保護条例に基づき，市教育委員会に対し調査書の開示を請求しました（今橋，1993；『判例タイムズ』

表 4-1　調査書・指導要録の開示を争う裁判

判　　決	文　　書	地方公共団体,学校	請求者	結　　論
①東京地判 1994.1.31	指導要録	東京都東久留米市 小学校	本人 (卒業後)	全面非開示
②東京高判 1994.10.13 ＊①の控訴審	指導要録	東京都東久留米市 小学校	本人 (卒業後)	全面非開示
③大阪地判 1994.12.20	調査書	大阪府高槻市 中学校	本人 (在学中)	文書不存在(本来は「総合所見」欄以外の開示)
④大阪高判 1996.9.27 ＊③の控訴審	調査書	大阪府高槻市 中学校	本人 (在学中)	文書不存在
⑤東京地判 1997.1.17	指導要録	東京都大田区 小学校	本人 (卒業後)	部分開示(「観点別学習状況」欄,「評定」欄,実施した標準検査の結果の記載の開示)
⑥浦和地判 1997.8.18	調査書	埼玉県	保護者	親に公開請求権はない
⑦大阪地判 1998.3.4	指導要録及び調査書	兵庫県西宮市 小・中学校	本人 (卒業後及び在学中)	部分開示(調査書の「身体の記録」欄,「スポーツテスト」欄の「記録・得点」欄,「出欠の記録」欄の「欠席日数」及び「各教科の学習の評定の記録」欄,指導要録の「標準検査の記録」欄は開示)
⑧東京高判 1998.10.27 ＊⑤の控訴審	指導要録	東京都大田区 小学校	本人 (卒業後)	全面非開示
⑨大阪高判 1999.11.25 ＊⑦の控訴審	指導要録及び調査書	兵庫県西宮市 小・中学校	本人 (卒業後及び在学中)	全面開示

4
章

⑩東京地判 2001.9.12	調査書	東京都高等学校（中学校作成の調査書）	本人（卒業後）	全面開示
⑪静岡地判 2002.10.31	指導要録及び就学指導調査個票	静岡県伊東市小学校	保護者	部分開示（記入者の評価，判断等が入り込む余地のほとんどない情報（欠席等の日数及びその理由が記載された「備考」欄，「知能指数」欄，その「検査月日」欄，「検査項目」欄）は開示）
⑫最判 2003.11.11 ＊⑧の上告審	指導要録	東京都大田区小学校	本人（卒業後）	部分開示（「各教科の学習の記録」欄中の「観点別学習状況」欄や「評定」欄，「標準検査の記録」欄は開示）

（出所）中村，2006 を参考に筆者が判例集等で確認して作成。①『判例タイムズ』887 号: 179-186，②『週刊教育資料』No.420: 12-14，③『判例タイムズ』883 号: 148-163，④『判例タイムズ』935 号: 84-100，⑤判例集未掲載。野村武司『ジュリスト』1269 号: 48-49，⑥『行政事件 裁判例集』48 巻 7・8 号: 562-583，⑦『判例地方自治』187 号: 43-55，⑧『判例秘書』，⑨『判例タイムズ』1050 号: 111-117，⑩「判例秘書」，⑪『判例タイムズ』1153 号: 139-148，⑫『判例タイムズ』1143 号: 214-228。

935 号: 84-100）。生徒 B は，中学校時代に学校の方針に反対して制服ではなく私服で通学していたこと，**通知表**に「協調性が必要」と書かれたことがあったこと，他の生徒に体罰を加えた教師に対して抗議を申し入れたことなどがあり，これらが調査書にどのように記載されているかに関心をもっていました。

　しかし，1991 年 1 月 16 日に教育長名で，調査書は管理する文書のなかに存在しない旨の不存在通知を受けました。当時の選抜実施要項によれば，調査書は 2 月下旬に中学校長が作成し，3 月 9 日正午までに志願先高等学校長に提出することと定められており，まだ作成されていなかったのです。生徒 B はただちに 2 月 2 日，通知

資料 4-2　高槻市教育委員会による調査書非開示理由

①調査書は内部文書であり，その作成は教師の教育評価権の行使にあたるため。調査書の公正さを維持・確保するためには，いかなる介入も許されない。

②調査書を開示すると本人や保護者から強い圧力を受ける恐れがあるため。厳正，公正な調査書の作成に著しい影響を及ぼす結果を招きかねない。

③テストを中心に評価される科目であっても，教師の評価と生徒・保護者の認識に隔たりがあることを踏まえれば，音楽や美術など評価者の主観的判断を基本とする教科では個々の生徒の評定を説明することは不可能に近いため。

④相対評価が今や教育的意義を喪失し，弊害を認めることが常識的になっているにもかかわらず，相対評価で作成された調査書を卒業を前にした中学生に開示し，集団における自らの序列・位置づけを認識させることは非教育的行為であり，生徒・保護者の信頼を失いかねないため。

⑤総合所見欄について，保護者の意思で，学校には知らされているが本人には知らされていない事実（成育歴等親子関係の事実，病気等）や，本人の性格，個性，出欠状況に関する事等で今後の指導で配慮を要するため志望校に引き継いでおいたほうがよいと考えられる場合で本人に知らせないほうが教育上望ましい事項等があるため。調査内容の適正及び保護者のプライバシーを保持するためには非開示でなくてはならない。

⑥調査書の開示をした場合，ほぼ全員の生徒が開示を希望することは疑いなく，高槻市個人情報保護条例の自己情報訂正請求権（14条）によって，さまざまな質問，疑問があることは必至であり，それらに答えていくことは物理的・時間的に無理であるため。

（出所）高槻市教育委員会による弁明書（1991年2月13日）；今橋，1993: 22-23をもとに作成。

に異議申立てを行いました。これを受けた高槻市教育委員会は高槻市個人情報保護審査会（以下，審査会）に諮問を行うとともに，弁明書で非開示の正当性を主張しました。高槻市教育委員会が調査書を開示できないとした理由は資料4-2の6点に要約されます。

　調査書の作成は教師の教育評価権の行使にあたり，調査書の公正さを維持するうえで開示することはできないことや，調査書の評価について説明するのがきわめて困難な場合があること，さらに本人に知らせないほうが教育上望ましい場合があることなどが根拠として挙げられています。なお，資料4-2の④に関して補足しておく

4章

表 4-2 審査会答申の概要（一部抜粋・要約）

調査書を開示すべき理由
・内容の公正さの保障
・進路決定についての自己決定権の保障
・本人に対する教育的効果
・親の教育権の保障
・生徒，保護者と教師との信頼関係

市教育委員会の決定の違法性
・教師の教育評価権は絶対無制約なものではない。
・開示による教師と生徒・保護者の信頼関係の破壊については，むしろ非開示とすることで自己の情報を知り得ない生徒や保護者の不安感を放置し信頼関係喪失を招来している。
・開示による混乱については，開示請求手続きの煩雑さを考えればほぼ全員の生徒が開示請求を行うとは考えられないなど，さほどの混乱が生じるとは考えにくい。

（出所）高槻市個人情報保護審査会「異議申立てに対する決定について（答申）」（1991 年 2 月 28 日）をもとに作成。

と，当時は指導要録や調査書で**相対評価**が採用されていた一方で，その非教育性（相対評価では正規分布曲線に基づく割合で成績が割り振られることから必ず悪い成績を取る児童生徒がいることが前提とされてしまうなど）から，学校教育現場では通常，通知表では「絶対評価」（事実上「**目標に準拠した評価**」）が用いられていたと当時の高槻市教育委員会は述べています。したがって，調査書と通知表の間にズレが生じており，それが非開示の理由の 1 つに示されていたのです（なお，2001 年より指導要録で「目標に準拠した評価」が採用されたことで〔第 2 章参照〕，こうした制度上の問題は解消されました）。

弁明書に対しては，生徒 B と 5 名の弁護士が反論書を提出しました。それを受け，審査会は 1991 年 2 月 28 日に結果的に全面開示の答申を出し，表 4-2 のように，市教育委員会の非開示理由を全面的に否定し，むしろ調査書を開示することの積極的意味を見出し

ています。調査書は非公開・非開示であるべきという教育界の通念があった当時において，この審査会の答申は全国的に大きく報道され，注目されました。加えて，3月26日には市議会も「『内申書』の開示を求める決議」を行っています。しかしながら，その後，市教育委員会は，審査会の答申を無視して異議申し立ての棄却を決定しました（なお，生徒Bは無事に志望校に合格して進学することができました）。

そうした状況のなかで生徒Bは，不存在通知を違法な処分であるとして，不存在通知の取消しを求めるとともに，不存在通知についての異議申立てに対する決定を教育委員会が願書提出期日までに行わなかったことが違法であるとして，国家賠償法に基づき，高槻市に対して慰謝料の支払いを求めました。

不存在通知をめぐる詳細についてはここでは立ち入りませんが，大阪地裁での第一審判決を経て（1994年12月20日），大阪高裁での第二審判決（1996年9月27日）では，調査書を開示するためには開示時点で調査書が作成され公文書として存在し管理されていることが必要であること，ただし近く作成されて存在することが確実となっているものについては開示請求時点や決定時点で公文書として存在していることまでを要しないこと，一方で一旦作成され存在するに至った後に第三者（高校）に送付されてしまった後には，もはや開示を受けることはできないことが判示されました。結果として，この裁判では第一審で「総合所見」欄以外の開示が認められていますが，高校に調査書が送付済みであったことから生徒Bに調査書の開示はなされていません。ただし，高槻市教育委員会は，生徒Bへの非開示の決定と同時に，1991年度の3年生から，調査書の成績欄に記入される教科別評定（「総合所見」欄を除く）を進路指導の段階で生徒全員に知らせる方針を決定しています。

その後，調査書等の全面開示を行う自治体が増えており，調査書開示をめぐる裁判においては，兵庫県西宮市（表4-1⑨）及び東京都（表4-1⑩）の事例では連続して全面開示の判決が出ています。西宮市の場合は調査書及び指導要録の「所見」欄等の教師の主観的評価を含む記載，東京都の場合は，「顕著な成果を上げた」生徒について，その活動を記載する「特記事項」欄（記入できる人数割合が一定の低い割合に定められている）の開示をめぐって争われており，それらはいずれも非開示事由には該当しないとの判決が出ています。

　西宮市の場合，調査書等の全面開示に応じる自治体が増えている状況のなかでとくに不都合が生じているという報告がないこと，調査書でマイナス評価がなされるのであれば，そもそも日頃から本人及び保護者に対して知らされ指導がなされていなければならないことなどを根拠に，開示により信頼関係が失われたり，調査書等の記載内容が形骸化し，本来の機能を果たさなくなったりする恐れがあるということ自体がおかしいことが判決で指摘されています。東京都の場合は，非開示によって原告が受ける不利益を考慮すると，記載事項を本人や保護者に開示してその批判にさらすことが恣意や不正を防止する唯一の方法であること，記載が人物評価に関わるものであることを考慮すると，それに関する誤りが放置されれば入学試験への影響にかかわらず人格の尊厳を傷つけるものであるといった判断がなされています。

2　内申書110番

　前節で見たような調査書等の開示をめぐる裁判の背景には，調査書で苦しんできた多くの生徒や保護者の姿があります。実は，高槻市の事例よりも以前に遡りますが，1986年11月以来，体罰・校

資料 4-3　内申書 110 番への相談内容

1. 内申書に不利益記載された（校則・体罰：5 件，不登校：2 件）
2. 内申書に変なことを書かれそう。内申書で脅かされた（校則・体罰：14 件，不登校：3 件，その他：7 件）
3. 内申書の点数操作：6 件
4. 内申書の記入方法や，選抜での使い方を知りたい：24 件
5. その他：19 件

（出所）今橋ほか編，1990。

則・調査書等の子どもの人権に関わる問題をテーマに，大阪で開かれた研究会を続けていた，体罰と管理教育を考える会が，「内申書」に悩む生徒や父母に電話で助言し，併せて実態調査の一助とするために 1989 年 11 月 23 日と 1990 年 2 月 11 日に臨時「**内申書 110 番**」を開設しています（瀬戸ほか，1990）。

　これは，新聞などに大きく取り上げられ，記録された分だけで 80 本に達したといいます。そのうちの 2 本は，元教師からの現状肯定の意見でしたが，それ以外は生徒や保護者からの悲痛な叫びでした。相談内容は資料 4-3 の通りです。

　1 の相談内容としては，校則・体罰に抗議したことや不登校であったことをもって，調査書に不利益な記載がなされたというものです。「中 1 の時から反抗的だといわれ，先生からにらまれていた。高校受験のとき，成績は悪くなかったが，ワンランク下の高校の受験を希望したところ，内申が悪いからだめだと言われる。特に非行があったようなことはなく，納得できなかったので，希望の高校を受けたが，やはり不合格であった」など，調査書に悪く書かれたことが原因で不合格になったという声もあります。2 の相談内容としては，調査書に今後不利益な記載がなされる恐れがある，またはそれを盾に脅されたというものです。「母子家庭であるから内申に不

利になると担任から言われたが本当か」など，現在では考えられないような差別的な扱いを受けたという声もあります。3の相談内容としては調査書が正しく記入されず，点数操作されたというものです。「中学の時のふだんの成績や高校入試の自己採点から考えると，不合格になるはずがないのに不合格になった。内申書の成績を操作されたとしか考えられない」などの声があり，場合によっては誤記載が含まれている可能性もあります。4の相談内容としては，調査書の記入方法や使われ方などについて知りたいという声が上がっており，5のその他には，「内申書が悪いからと言われて，希望校を受けさせてもらえなかった」などの声がありました。調査書に何を書かれるかわからないなかでは，自分で進路を決定することもできない状況がうかがえます。

　当時は，近年では信じられないような恣意的な内容が調査書に記載されていたことがうかがえます。こうした生徒たちの苦悩は，いずれも調査書の非開示と関わっています。調査書の開示状況は，その後どうなったのでしょうか。次節で考察してみます。

 ## 3　現行の調査書開示状況

高等学校入学者選抜の結果開示の一環としての調査書開示

　実際に，現在（2024年1月）私たちは調査書を見ることはできるのでしょうか。まず，最も手軽に行い得る調査書の開示は，高等学校入学者選抜の結果開示の一環として簡易開示される場合でしょう。現在，多くの場合，都道府県立高等学校入学者選抜の結果については，口頭による簡易開示がなされています。受検者本人（保護者等の代理人による開示を認めている場合もある）が受検した高等学校に，定められた期間（都道府県によって1週間〜1年間程度）に，受検票や

生徒手帳などの身分証明書などを示して口頭で申し出ることで開示されます。ただし，自治体によっては，電子申請で学力検査等得点票が開示可能な場合（東京都）や，郵送による**学力検査**の結果の提供希望有無を示して入学願書や入学願とともに返信用封筒を提出することで開示可能な場合（山形県や熊本県），また受検者全員に合格発表日に答案の写しと採点結果を開示している場合（神奈川県）などもあります。各自治体のウェブサイトで筆者が調べた限り，口頭による簡易開示の一環として調査書も開示可能である（部分開示を含む）と示していた都道府県は，47都道府県中8府県です（国立，市立，私立は除く）。ただし，口頭による簡易開示の場合，調査書の開示が行われても，評定値合計などあくまでも点数としての開示が多いといえます。簡易開示によって調査書の写しの交付が可能であることが示されていたのは，千葉県と岐阜県の2県のみでした。つまり，記述欄を含む調査書全体が確認できるのはほんの2県ということになります。これらの結果は，あくまで筆者がウェブサイト上で調査書の開示について確認できたかどうかによるものであるため，実際には上記以上に開示されている可能性は否定できません。しかしながら，それでも多くの場合，口頭による簡易開示の対象は，学力検査の得点とされており，調査書は含まれていないと思われます。

個人情報の開示請求による調査書開示

続いて，**個人情報の開示請求**というかたちでの開示について考えてみます。自己情報開示請求とは，「行政機関や個人情報取扱事業者が保有する自己を本人とする保有個人情報の開示を請求することであり，公立学校の場合には各自治体が定める個人情報保護条例に基づき請求し，私立学校の場合には**個人情報保護法**28条1項に基づき請求するもの」（日本組織内弁護士協会監修，河野・神内編，2021）

です。このしくみを用いて開示請求を行う場合，自治体に設置された窓口等に開示請求書を提出することが求められます。一般に，提出後は教育委員会の担当課に開示請求書が回され，担当課が学校に連絡して開示請求対象の情報の存否を確認し，存在している場合には情報の内容を確認して個人情報保護条例で規定されている非開示情報が含まれているかどうかを検討したうえで，開示か非開示，場合によっては部分開示をするかの決定をすることになります（日本組織内弁護士協会監修，河野・神内編，2021）。

　実は，先述した調査書全面開示判決が出た後に，指導要録については最高裁で部分開示の判決が出ています。事例の概要は次の通りです（『判例タイムズ』1143号: 214-228）。1994年当時，中学校2年生に在籍していた生徒Cが，東京都大田区公文書開示条例に基づき，小学校在籍当時の自らに関する小学校児童指導要録の開示を請求しました。区教育委員会は，当初指導要録のすべてを非開示とする決定をしましたが，生徒Cは不服申し立て（審査請求）を行います。区教育委員会は，同区公文書開示審査会の答申を受けてその申立てを棄却しましたが，生徒Cは指導要録の裏面を非開示とした部分の取消しを求めて出訴しました。

　結果，東京地裁での第一審（1997年1月17日）では部分開示（表4-1の⑤），東京高判での第二審（1998年10月27日）では全面非開示（表4-1の⑧），最高裁判所での判決（2003年11月11日）は部分開示（表4-1の⑫）でした。具体的には，「各教科の学習の記録」欄中の「Ⅰ観点別学習状況」欄及び「Ⅱ評定」欄や，「標準検査の記録」欄は非開示情報に当たらないとされた一方で，「各教科の学習の記録」欄中の「Ⅲ所見」欄，「特別活動の記録」欄及び「行動及び性格の記録」欄の記述が非開示情報に当たるとされました。後者が非開示情報とされた理由としては，「担任教師が，児童，保護者等に開示

することを予定せずに，自らの言葉で，児童の良い面，悪い面を問わず，ありのまま児童の学習意欲，学習態度等に関する全体的評価又は人物評価を記載していた」ことなどが挙げられています。

　最高裁判所の判決は絶対的な影響力をもつため，現在も指導要録が開示請求の対象とされた場合，「非開示情報は自治体の定める条例によって違いはありますが……個人の指導，診断，評価等に関する情報であって開示することにより当該指導，診断評価等に著しい支障が生じるおそれがあるかどうかという視点で非開示情報に該当するか検討する必要があ」る（日本組織内弁護士協会監修，河野・神内編，2021）と考えられています。これは，あくまで指導要録についての例ですが，この考え方に則れば，調査書についても開示請求があった場合に，とくに記述欄については，開示することで指導や評価等に支障が生じないかという視点で検討が行われる可能性は高いといえます。

　ただし，個人情報の開示請求を通じて調査書の開示が可能であることを積極的に示している自治体もあります。例えば鳥取県は，「高等学校入学者選抜方針」において，調査書の開示については，開示請求書による開示請求によって可能であることを示しています。このように見てくると，調査書については，近年開示している例も見られますが，現在も全国一律に定められているわけではなく，自治体の取り扱い方や記述の性質等によって変わってくるといえます。

4　調査書の開示をめぐる意義と課題

　最後に，調査書の開示をめぐる意義と課題を確認しましょう。

　まず，意義についてです。第1に，個人情報へのアクセス権やコントロール権といった**子どもの権利**保護が挙げられます。そもそも，

入学者選抜という**ハイステイクスな評価**において，自分がどのように評価されているかを知りたいと子どもが願うのは，自己の将来を考えるうえでも，不適切な評価を防ぐうえでも自然なことでしょう。現在は，人権意識の高まりなどもあり，必ずしも内申書110番に当時寄せられたような声は聞かれないかもしれません。それでも，誤記載などによって不利益を被る可能性を考慮したとき，こうした権利を保障することは重要であるといえるでしょう。1994年に子どもの権利条約[1]が批准・発効され，2005年には個人情報保護法が全面施行されていることを踏まえても，その重要性が指摘できます。

　第2に，開示することで評価の真実性や適切性を高める方向性を模索する道が開かれることです。調査書の開示をめぐる裁判例においては，調査書の公正さの維持・確保のための教師の教育評価権が，調査書の非開示理由として繰り返し挙げられていました。そこでは，開示により評価の真実性が失われるのか，秘匿されることで（たとえ真実であったとしても）不適切な内容が記入される恐れがあるのかが問題となりがちでした。この点については，開示か非開示かの二者択一で考えるのではなく，開示することでいかに評価の真実性や適切性を高められるかを考える必要があるでしょう。幸い，調査書の開示が裁判で争われた頃と比べ，教育評価研究の進展により，子どもや保護者にも参加の扉を開きつつ，子どもたちが学ぶ価値のある内容を豊かに学ぶことを保障する評価の在り方は，パフォーマンス評価やポートフォリオ評価などのかたちで明らかにされてきました（西岡ほか編，2022）。中学校での豊かな学びの保障のためにも，こうした知見から学び，学校での評価の在り方を工夫していくことが求められるでしょう。

　次に課題についてです。第1に，**評価の形骸化**の恐れがあります。開示された場合に保護者や生徒に説明できないことを恐れて，評価

の信頼性だけが追求され，いわゆる**客観テスト**のような評価方法のみが用いられることになれば，評価の形骸化が懸念されます。もちろん信頼性は重要ですが，先述したような評価の在り方の工夫を通じて，生徒たちが学ぶ価値のある内容を学び，評価できるようにする努力を失しては，学校教育そのものが形骸化してしまうことになりかねません。単に開示を目的化するのではなく，生徒や保護者に評価への参加の道を開く方途を探り，互いによりよい評価に鍛えていくことが求められているといえるでしょう。

ま と め

　本章では，内申書裁判をはじめとする調査書・指導要録の開示に関する裁判や内申書110番など，調査書の開示をめぐる歴史を紐解くことで，調査書の非開示がこれまでもたらしてきた問題性を検討してきました。調査書については，近年開示している例も見られますが，現在も全国一律に方針が定められているわけではなく，自治体の取り扱い方や記述の性質等によって変わってくると考えられました。調査書の開示を真に子どもの権利を保障するかたちで実現するには，教育評価の理念に立ち返りつつ，よりよい評価の在り方を追求していくことが重要であるといえるでしょう。

注

　1　子どもの権利条約に関しては，従来，同条約の第28条が教育上の情報にアクセスする権利であると解する立場があった一方で，同条は個人教育情報開示請求権に関する規定ではなく，教育や職業に関する情報提供やガイダンスなどの進路指導の保障を定めたものであり，同条約の第16条が情報プライバシー権の保障を含意するものであることも指摘されています（中嶋，1997）。

引用・参考文献 ────────────────────────────────

今橋盛勝 (1993)『内申書の開示と高校入試の改変』明治図書出版

奥平康弘 (1981)「内申書裁判と教育裁量――内申書裁判 (昭五四 (ネ) 七四四 . 同七四五号国家賠償請求控訴事件) への意見書」『法律時報』第 53 巻第 8 号，67-74.

瀬戸則夫・石田文三・岩佐嘉彦 (1990)「生徒・父母の訴え――『内申書 110 番』から」今橋盛勝・瀬戸則夫・鶴保英記ほか編『内申書を考える』日本評論社

田中耕治 (2006)「教育評価論からみた開示問題」『現代教育科学』第 49 巻第 12 号，62-64.

中嶋哲彦 (1997)「子どもの権利条約における情報プライバシー権」『教育制度学研究』第 4 号，167-180.

中村誠 (2006)「教育個人情報開示について――指導要録開示と補助簿の扱いを中心に」『岡山大学法学会雑誌』第 56 巻第 1 号，61-94.

成嶋隆 (1988)「内申書裁判最高裁判決をめぐって」『ジュリスト』第 919 号，63-69.

西岡加名恵・石井英真・田中耕治編 (2022)『新しい教育評価入門――人を育てる評価のために〔増補版〕』有斐閣

日本組織内弁護士協会監修，河野敬介・神内聡編 (2021)『Q&A でわかる業種別法務　学校』中央経済社

山崎真秀 (1990)「内申書裁判の展開と意味」今橋盛勝，瀬戸則夫，鶴保英記ほか編『内申書を考える』日本評論社

裁判所『行政事件 裁判例集』各号

判例時報社『判例時報』各号

判例タイムズ社『判例タイムズ』各号

有斐閣『ジュリスト』各号

Chapter 5　評定と観点別評価
どのように成績がつけられているのか

　生徒にとって内申書で最も気がかりな成績（評定）は，どのように付けられているのでしょうか。日々の生徒の学習状況の評価をどのように見取り，どのように通知表や内申書の評定に集約しているのでしょうか。「観点の重みや，授業態度を重視するのか，テストで判断するのかが，先生によって違う」といった不安も聞こえてきます。本章では，通知表や内申書で行われている「観点別学習状況の評価」の3観点や具体的な評価内容・方法を整理したうえで，どのように評定に集約されているのかの実相を見ていきます。そして通知表や内申書が生徒の学習状況を示す「客観的な」資料として位置づけられるためには，どのような共通理解が求められるのかという点について考えていきます。

1　学習指導要領に示される目標や内容と評価の3観点

　2017・2018年改訂学習指導要領では，子どもたちに身につけさせたい**資質・能力**を以下の3つの柱として示しています。すなわち，「**知識及び技能**」（何を理解しているか，何ができるか），「**思考力，判**

断力，表現力等」（理解していること・できることをどう使うか），「**学びに向かう力，人間性等**」（どのように社会・世界と関わり，よりよい人生を送るか）の３つです。そして，これらを評価する「観点別学習状況の評価」（いわゆる「**観点別評価**」）の観点は，この３つの柱（目標）に対応するかたちで，３つの観点（「**知識・技能**」「**思考・判断・表現**」「**主体的に学習に取り組む態度**」）として設定されました（図5-1）。ここで留意すべき点は，「学びに向かう力，人間性等」という目標に対応する評価の観点として「主体的に学習に取り組む態

図5-1 「観点別学習状況の評価」の各観点と目標・内容の３つの柱の関係

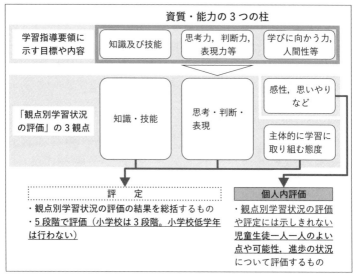

（注）各教科等において，３観点に照らして，主に３段階（A,B,C）が付けられる（Bは「おおむね満足できる」状況として目標に到達している基準を指し，Aは「十分満足できる」状況，Cは「努力を要する」目標に到達していない状況を表す）。これらをもとに，学期末や年度末に総括した「評定」（１〜５の５段階等）が指導要録に記録され，この指導要録をもとに「通知表」や「内申書」が作成される。

（出所）中央教育審議会答申，2016 より作成。

度」が設定されていますが，「感性，思いやりなど」は評価対象とされていないということです。学校教育として「感性，思いやりなど」は育んでいくべき目標や内容ではあるものの，評価や評定には馴染まない部分であるとされました。この点については，児童生徒一人一人のよい点や可能性，進歩の状況を示す「個人内評価」（文章表記の「所見」欄）で示すこととされています。

2　3観点で何をどう評価するのか

　この3観点で捉えようとしている資質・能力（学力）の3要素は，並列に並ぶものではなく，「知識・技能」→「思考・判断・表現」→「主体的に学習に取り組む態度」というように，学力の質の深まりに応じた構造的な観点で捉えることが大切です。では，この評価の3観点に基づき，具体的に何をどのような方法で評価していくことが求められているのでしょうか。各観点に即して見ていきましょう（文部科学省 国立教育政策研究所教育課程センター，2019）。

「知識・技能」観点
　「知識・技能」観点による評価は，各教科等における基本的な知識や技能の習得状況を評価するものです。具体的な評価方法としては，従来のようにペーパーテストによる評価が基本となりますが，事実的な知識の習得を問う問題だけでなく，知識の概念的な理解を問う問題（学んだことを適用したり，知識と知識のつながりが適切かを評価する問題）とのバランスに配慮するなどの工夫改善を図ることが求められています。単に「知っている・できる」だけでなく「わかる」段階まで到達しているかどうかを評価します。

「思考・判断・表現」観点

　「思考・判断・表現」観点による評価は，各教科等の知識や技能を活用して課題を解決するために必要な思考力，判断力，表現力等を身につけているかどうかを評価するものです。「使える」レベルの学力を獲得できたかを見るためには，例えば実生活の文脈において「知識・技能」を実際に活用できるような場面を設定しなくてはなりません。さらに，その場面において丁寧に評価していくことが求められます。具体的な評価方法としては，「ペーパーテストのみならず，論述やレポートの作成，発表，グループや学級における話し合い，作品の制作や表現等の多様な活動を取り入れたり，それらを集めたポートフォリオを活用したりする」（中央教育審議会，2019: 8-9）というように，**パフォーマンス評価**の有効性が示されています。

　では，パフォーマンス評価とはどのようなものでしょうか。一般的には，思考する必然性のある場面（文脈）で生み出される学習者の振る舞いや作品（パフォーマンス）を手がかりに，概念の意味理解や「知識・技能」の総合的な活用力を質的に評価する方法です。狭義には，現実的で真実味のある場面を設定するなど，学習者の実力を試す評価課題（パフォーマンス課題）を設計し，それに対する活動のプロセスや成果物を評価する「パフォーマンス課題に基づく評価」を意味します（石井，2023: 39。第3章も参照）。

　また，こうした「思考・判断・表現」を見取るようなパフォーマンス課題を単元の最後に設定し，そこに向かって学習を積み重ねていくような「逆向き設計」の単元構成・単元設計が求められています。

　ここで，現場の教師たちがどのような評価材料で評価をしているのかを見てみましょう（表5-1）。高校英語科の例ですが，定期テストでは，「知識・技能」の観点においても，初見問題に取り組ませ

表 5-1 　各観点における評価方法例（高校英語科の場合）

	知識・技能	思考・判断・表現	主体的に学習に取り組む態度
方法・材料	・定期考査の基礎問題（初見問題も含む） ・小テスト	・定期考査の応用問題 ・スピーチ ・ライティング課題 ・パフォーマンス課題	・授業中の課題，取り組み姿勢 ・実技テスト ・振り返り ・パフォーマンス課題

（出所）大西，2023。

ています。さらに「思考・判断・表現」の観点では，単元の言語材料（その単元で習った語彙や文構造など）だけでなく既習事項を目的・場面・状況に即して「活用」しなければならないスピーチやライティング，また，スピーキングテスト（パフォーマンス課題）を行っています（大西，2023）。

　以上のように，ペーパーテストにおいても実際の文脈を意識した評価問題や初見問題を加えた「豊かなテスト」が行われるようになってきたり，スピーチ等の，ペーパーテストでは測りきれない資質・能力を測るための「豊かなパフォーマンス」が設定されるようになってきています。このように，学校現場では少しずつではありますが，評価（テスト）改革が進んできています。

「主体的に学習に取り組む態度」観点

「学習の自己調整」という新たな視点

　「主体的に学習に取り組む態度」としては以下の2つの軸が示されています（図5-2）。すなわち，①知識及び技能を獲得したり，思考力・判断力・表現力等を身につけたりすることに向けた，粘り強い取り組みを行おうとする側面，②その粘り強い取り組みを行うな

図5-2　主体的に学習に取り組む態
　　　　度の評価イメージ

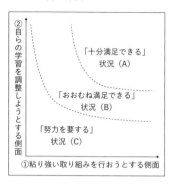

②自らの学習を調整しようとする側面

「十分満足できる」
状況（A）

「おおむね満足できる」
状況（B）

「努力を要する」
状況（C）

①粘り強い取り組みを行おうとする側面

（出所）文部科学省 国立教育政策研究所教育課程センター，2019: 9。

かで，自らの学習を調整しようとする側面です。これらの2つの側面は相互に関わり合いながら立ち現れるものであるとされます。以前の「関心・意欲・態度」の観点では，誤った評価方法として「挙手やノート・課題の提出をカウントする」「授業への参加度（眠らずに授業を受けていた，など）を評価する」といったことも多く見られましたが，単に継続的な行動や積極的な発言等を行うなどの性格や行動面の傾向を評価するということではありません。

　なお，②の「学習の自己調整」は自己調整学習（self-regulated learning）という理論（Zimmerman, 1989）を援用したものです。自己調整学習とは，「学習目標を設定し，自己をモニターしながら認知活動を行ない，学習成果を自己評価することで，学習過程をつねに自覚しながら主体的なかかわりをもとうとする」（『最新心理学事典』2013: 11）メタ認知的な側面を示しています。つまり，自身の学習の課題と進捗状況などを客観的に把握し，自己の学習を「自分事」と捉えるということです。この側面は「主体的に学習に取り組む態度」の基盤としてより注目されるようになったものです。

思考・判断・表現と一体として捉える

　この「主体的に学習に取り組む態度」（いわゆる主体性）を具体的に評価する際には，「ノートやレポート等における記述，授業中の発言，教師による行動観察や，児童生徒による自己評価や相互評価等の状況を教師が評価を行う際に考慮する材料の1つとして用いる

こと」と述べられています（中央教育審議会，2019）。

　けれども，「主体的に学習に取り組む態度」の評価については，現場の教師たちの困惑がとくに見られる部分です。学びの姿勢は短期間で育成・変容するものでもなく，またこうした主体性は表面的に表れる部分だけではなく評価しづらいからです。また，学校において望ましいとされる主体性として，例えば「全力で取り組むことに満足を覚える」「一度課題をやり始めたら最後までやり遂げる」という点においては，社会的経済的ステータスが高い生徒ほど，習い事経験が豊富だったり親の教育的関心が高いことによって，高い主体性を示す傾向があると述べられています（垂水，2020）。

　したがって，主体性の評価を行っていくうえでは，上記のように，社会的経済的な格差が生み出している差がもともと存在してしまうことを自覚しつつ，その差を縮めることはきわめて困難なため，教師が指導過程においてどのような指導と評価を行うのかがとても重要になります。

　その際に，以下の2点が求められるでしょう。第1に，1つの単元だけではなくやや長期的なスパンで（複数の単元などで），深い思考や判断，自分なりの表現を必要とし，粘り強く試行錯誤することが求められる課題に挑む過程を経験させるということです。その過程において，「思考・判断・表現」と一体的に「主体的に学習に取り組む態度」を見取ります。先述のパフォーマンス課題を設定することで，表現や論述において工夫した点やこだわった点を振り返ることができます。また，パフォーマンス課題を踏まえて発展的な問いをもったり，自分自身の生活や次の学びに生かそうとする姿などを主体性として意味づけることができます。このように，パフォーマンス評価を軸にして「思考・判断・表現」と「主体的に学習に取り組む態度」を一体的に評価することが1つの案です。

第2に，「学習の自己調整」を評価する際に重要なのは，生徒が自身の学習の見通しをもつための手立てを教師が工夫することです。教師が生徒に学習目標や学習計画，評価の方針などを事前に示すことや，それらを「共創」したりする取り組みが考えられます。また，単元の途中や終わりなどの適時に，学習の調整が適切に行われているのかを教師が見取り，適切に指導する機会も確保することです。

主体性の育成をめざす手立ての工夫

　では具体的にはどのような手立てがあるのでしょうか。例えば「一枚ポートフォリオ」（堀，2019）や生徒目線の「学びのプラン」（田中ほか，2023）を用いる実践等があります。これらの実践においては，①自分の学習課題（めあて）を意識させること，②学習の前後（単元の始めと終わりなど）で自分の理解が広がったり深まるなどの変容が見られるかを意識させること，③自分の学習課題（めあて）に対して振り返りをさせ，「どういう工夫や意識をしたらできるようになったのか」「次への課題や新たな問い」を意識させること，といった3つの視点を生徒がもてるような，ワークシートや「振り返りシート」等の取り組みが行われています。

　ただし懸念すべきことは，こうした振り返りの記述を「点数化」して観点の成績に結びつけようとすることです。特定の記述を評価対象として加点するしくみにしてしまうと，振り返り記述の得意な「察しのよい」生徒だけがよい評価を得ることとなり，真の学びの姿勢を評価できない可能性があります。あくまでも，生徒がパフォーマンス課題へ取り組む際にどのような姿を見せているかを丁寧に見ていくことが基本です。

　また，主体性は学校カリキュラム全体で育成していくべきものであり，育成をめざす主体性の全体像のなかで教科学習が担うべき主体性を明確にすることが大切です。各教科での学習では，上述のパ

フォーマンス課題の設定等を通して生徒の学習態度や思考の深まり，関心の広がりをめざした指導を行いますが，各教科指導が孤立するのではなく，総合学習や特別活動との連携を通して「学校カリキュラム全体で主体性を育んでいく」という意識や取り組みが求められます。

　以上のように，「主体的に学習に取り組む態度」の評価をめぐっては，まず何よりも，各教科で試行錯誤し粘り強く学びを深められるような課題の設定が重要であり，かつ，生徒が自分の学習を見つめる機会の設定など，指導過程において手立てを講じることが重要だと述べてきました。また教科学習だけではなく総合学習等を含めた学校カリキュラム全体でそのような指導を行っていくことが重要です。

 ## 3　観点別学習状況の評価と「評定」の関係

　通知表や内申書は，教師が記録する生徒指導要録に基づいて作成されます。指導要録には，各教科の「観点別学習状況の評価」と「評定」（1〜5の5段階等）の2つが記録されます。

　ではまず，観点別学習状況の評価（A，B，C）は一体どのように付けられているのでしょうか。観点別学習状況の評価は，1から5などの数値の「評定」では見えにくい各教科の学習の状況について，「分析的に」評価するための欄です。そのため，単元ごとや内容のまとまりごとに，その素点や到達度を示す3段階評価（A，B，C）を記したほうが，本来は生徒の学習状況の実態を具体的に表すことができます。**通知表**は公的な書類である**指導要録**とは異なり，指導要録を原簿としながらも各学校で様式を決めることができるため，

各単元ごとに到達度を記すことも実は可能です。また通知表の副票として各単元での到達度や教師からのコメントを記し，各生徒に伝える取り組みも可能です。

けれども実際は，各地域の校長会や教育委員会発行の手引き等でルールや「計算式」が基本的な方針として示されており，多くが以下の①や②の形式に則って評価されていると推察されます。

①それぞれを点数にして合算し，何点以上がA，Bなどと決める方法

ある地域では暗黙のルールとして，課題やテストの結果を観点別に点数にして合算し，それぞれについて「95点以上でA」というような基準が設定されていて，「それで98点がたくさん出ると，（Aの）基準を上げて97点にしましょうみたいな話になる」（ネットワーク編集委員会編，2022）といいます。このように，一定の点数（割合）でA，B，Cを定めることは一般的といえます。

けれども，「点数」が前面に出ると，ペーパーテスト重視の傾向にもつながりやすくなります。「知識・技能」に偏ったり，「思考・判断・表現」や「主体的に学習に取り組む態度」の観点も点数化しやすいような評価方法に傾き，本来求められるパフォーマンス評価等が軽視されていく恐れもあります。

また，この方法の場合，学習課題やテストを同一にし，同一の評価方法での評価であれば意味があるものとなります。しかしながら，共通のテストを作成することは実際には難しく，異なる評価課題・テストを行っている状況が多いと考えられます。したがって，点数による区分けルールによって「公平性」が担保されているように見えても，内実としては公平とはいえないのではないでしょうか。この場合，学校内はもちろんのこと，同じ地域の学校間で同一の評価内容・方法に近づけたり，それらを共有したりすることで，できるだけ揃えていくことができるとよいでしょう。

②各単元の A，B，C から学期末・学年末の A，B，C を割り出す方法

　また，各単元の A，B，C の組み合わせパターンから学期末・年度末の A，B，C に集約する方法もあります。例えば「知識・技能」の観点について，一学期に 3 つの単元があったとき，それぞれの学習到達状況を A，B，C で示し，3 つの単元が AAA であれば一学期は A，BBB であれば B というように，各単元を同じ重みづけで機械的に集約する方法です。ただ，一見するとわかりやすいですが，例えば単元ごとの学習状況としてよくできた単元（A）とつまずいた単元（C）があっても，均一化された評定（B）になってしまうように，学習の実態を正確に示しているとはいえない部分もあります。ただ，多くの自治体ではこの集約方法が方針として示されています。

　そのほか，次のような③や④のパターンも考えられます。

③各学期の中心となる単元や多くの時間をかけた単元の評価を中心にする方法

④各学期の学びは「積み重ね」と捉えて，学期の集大成となる単元（最終単元など）での結果でつける方法

　例えば，④として，図 5-3 に取り上げた例では「1 課」（Lesson 1）から 3 課（Lesson 3）を通して即興的に「話すこと（やりとり）」に取り組み，それらの集大成として「パフォーマンス課題」として一番下の課題を行います。このパフォーマンス課題は 1 課から 3 課の学びの集大成として位置づくため，ペアやグループで練習する時間もとり，改善を積み重ねて最終的に挑む課題となります。評価としては，「思考・判断・表現」並びに「主体的に学習に取り組む態度」の観点において，この評価結果を「記録に残す評価」として中心的に位置づけるという方法です（「知識・技能」については 1 課から 3 課で評価したり，ペーパーテストで評価したりすることが多いでしょう）。

図 5-3　複数単元での学習の「積み重ね」の例

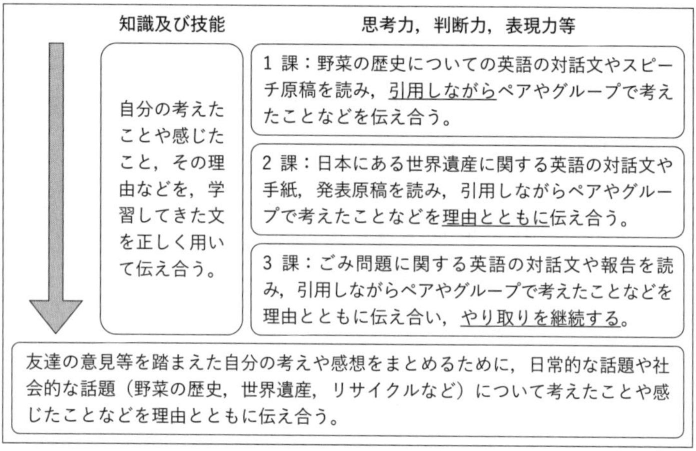

知識及び技能	思考力，判断力，表現力等
自分の考えたことや感じたこと，その理由などを，学習してきた文を正しく用いて伝え合う。	1 課：野菜の歴史についての英語の対話文やスピーチ原稿を読み，<u>引用しながら</u>ペアやグループで考えたことなどを伝え合う。
	2 課：日本にある世界遺産に関する英語の対話文や手紙，発表原稿を読み，引用しながらペアやグループで考えたことなどを<u>理由とともに</u>伝え合う。
	3 課：ごみ問題に関する英語の対話文や報告を読み，引用しながらペアやグループで考えたことなどを理由とともに伝え合い，<u>やり取りを継続する</u>。

友達の意見等を踏まえた自分の考えや感想をまとめるために，日常的な話題や社会的な話題（野菜の歴史，世界遺産，リサイクルなど）について考えたことや感じたことなどを理由とともに伝え合う。

（出所）「指導と評価の一体化のための学習評価に関する参考資料（中学校英語科）」p.43。

　①，②のように単純に素点や A，B，C を合算するのではなく，③や④の方法を採用していくためには，単元間の学びをしっかり捉える教師の専門性が必要となります。教師が各教科の学びにおいて，学習指導要領に示される各教科の「見方・考え方」と照らし合わせ，各単元では学習内容として何が重要なのかを吟味し，単元間でどのように学びの系統（つながりや深まり）を作っていくのかを考えなければなりません。そうした核となる課題を中心に指導計画を立て，ここぞという場面で評価を行うことを意識すると，生徒に育成したい資質・能力の評価に直結します。また，評価の機会が厳選されることにより，煩雑な評価記録や集計作業も軽減されます（上記の例では，各課でパフォーマンス課題を設定するのではないため，評価すべき活動や場面も厳選されています）。

　このように，③や④の方法論をとることができると，生徒の学び

に即した評価が行えると考えます。ただ，単元間でどのような学び
を積み重ねるか，指導計画をどのように立てるのかを吟味すること
は，教師一人一人では大きな負担や時間がかかります。教師集団や
同じ地域の教師で吟味する機会をもつことが必要になるでしょう。

観点別評価から「評定」へ

『中学校生徒指導要録』では，「評定の適切な決定方法については，
各学校において定める」とされているため，観点別評価の結果をど
う「評定」に集約するのかについても，唯一絶対の方法があるとい
うわけではありません。しかし，以下のような「計算式」や「公
式」が各教育委員会で発行される評価パンフレットなどに記載され
ています（表5-2）。

これは，3観点を1：1：1のように同じ重みづけと考え，A，B，
Cの組み合わせで「評定」を定めるものです。「AAB」の場合も，
「BAA」や「ABA」の場合も同じ「評定4」になるということです。
ほかには，3観点の重みづけを1：1：1ではなく，「主体的に学習
に取り組む態度」が他の認
知的観点（「知識・技能」，
「思考・判断・表現」）と連動
するものとされている点を
考慮すれば，2：2：1と考
えることもできるとして，
その割合で合算する例もあ
ります。

これらの例は，どの教師
が計算しても同じ「評定」
になるため，公平性が担保

表5-2 観点別学習状況の評価から「評定」
への集約例

組み合わせ例（3観点）	評定
A○A○A○，A○A○A	5
A○AA，AAA，AAB	4
ABB，BBB，BBC○	3
BC○C○，C○C○C○，C○C○C	2
C○CC，CCC	1

(注) A○は「十分満足できるもののうちとくに程度
の高いもの」，Aは「十分満足できる」，Bは
「おおむね満足できる」，C○は「努力を要する」，
Cは「一層努力を要する」を表す。

されるようにと設定されているものです。ただ，各単元の学習状況がいったん観点別評価に集約されA，B，Cとなり，さらにそれが再度3観点を統合して集約され，例えば「3」となったとき，その「3」からはどのような情報が得られるのでしょうか。このように何度も「抽象化」が行われた「評定」からは，本来求められる学力実態の把握は困難なのではないでしょうか。

この点については，各学校によって評定換算の重みづけが異なる場合もあることから，評定ではなく観点別評価を選抜に活用する重要性についても指摘されています（中央教育審議会, 2019: 20）。

けれども現実には，集約された「評定」が選抜資料として「内申点」の計算に用いられることが一般的であり，大きな影響力をもっています（第1章参照）。そのような状況において3観点がすべて等しく重みづけされるのか，あるいは「知識・技能」や「思考・判断・表現」に重きが置かれるのかでは，日々の生徒たちの学びの姿勢も変わるでしょう。

各学校が「育てたい資質・能力」を育てる授業を行っていくことが重要であり，そのうえで指導の実態に即して3観点の重みづけを考慮し，生徒の学力の実態を評価する方法を議論していくべきです。

3観点のばらつきの問題（CCA・AAC問題）

「主体的に学習に取り組む態度」（主体性）の評価をめぐっては，もう1つ，3観点の評価のばらつきの問題があります（CCA・AAC問題）。「主体的に学習に取り組む態度」をほかの2つの観点から切り離し，生徒の「頑張り」を救済しようとする場合や，教科の学習の深まりと切り離して，単なる「授業への参加度」（眠らずに授業を受けていた，など）や課題の提出状況として位置づけようとする場合には起こりうるかもしれません。前者の場合は，「知識・技能」は

到達目標に達していなくとも（「目標に準拠した評価」ではC），その生徒なりに頑張ったという「個人内評価」のみで主体性をA評価にしたいという教師の思いがありますし，後者の場合は，「知識・技能」や「思考・判断・表現」は十分に到達していても，（その生徒にとって学びの価値が感じられないために）主体性の側面ではC評価の様相を表しているという生徒の実態もあるかもしれません。

　「知識・技能」と「思考・判断・表現」の姿と，主体性の実態がかけ離れたこうした見取りについては，「児童・生徒の実態や教員の授業の在り方などそのばらつきの原因を検討し，必要に応じて，児童・生徒への指導・支援を行い，児童・生徒の学習や教員の指導の改善を図るなど速やかな対応が求められる」（中央教育審議会，2019: 13-14）と述べられています。

　けれども，ここで再度確認したいのは，「主体的に学習に取り組む態度」の観点は，あくまでも当該の学習に対しての「学びに向かう姿勢」であり，挙手の回数が多い・少ないという参加度やノート提出を行ったか否か，積極的に活動に参加しているように見えるか否か，（学習の深まりに関わらない）「頑張り」が見られたか，といった行動だけで捉えるものではないということです。そういう意味で，本来CCAやAACといったばらつきのある評価結果にはなりにくく，「知識・技能」と「思考・判断・表現」で見取る生徒の学びの実態と，「主体的に学習に取り組む態度」はかけ離れたものにはなりにくい，といえるでしょう。

　そのうえで，CCAの場合は，その生徒の学びへの姿勢や頑張りを評価しつつも，知識・技能面での習得に際してその生徒に応じた手立てをより効果的に講じるにはどうすべきかを検討したり，思考力・判断力・表現力等の育成に至るような学びの機会や手立てを吟味したりするなど，指導改善の必要性が見えてきます。一方で，単

5章

元最終のパフォーマンス課題に向かうために時間をかけて，粘り強く挑戦する課題を設定したにもかかわらずAACとなった生徒がいた場合には，パフォーマンス課題設定の在り方がその生徒にとって挑戦したいと思えるような豊かな課題にはなり得ていなかったという反省材料として，授業改善に生かす手立てを講じるべきです。生徒の学びを評価することを通して，教師側にも指導改善の視点を突きつけるものとして長期的なスパンで検討していくことが求められます。

4　評価の透明性を求めて

指導過程と評価方法を生徒と共有する

　以上で見てきたように，内申書でどのように評定が付けられるのかという過程には，（ア）単元内や単元末に何をどうやって評価するのか（テストやパフォーマンス課題等）という段階，（イ）単元ごとの成績や課題の成績を観点別評価のA，B，Cに集約する段階，さらに（ウ）観点別評価を指導要録の評定に集約する段階，という複数の段階があることを見てきました。そして各段階での方法論には唯一絶対の方法はないことが，成績や評定づけをめぐる「不透明さ」につながっているといえます。

　では，より評価における「透明性」を生み出すにはどのような工夫が必要なのでしょうか。

　まず1つ目に取り上げるのは，（ア）の段階で評価したい目標・内容を明らかにしたテストデザインの共有の事例です（表5-3）。これは教師が定期テスト「前」に問題の内容，観点，点数配分，学習のポイントについて生徒に共有する取り組みです。授業でパフォーマンス課題に取り組んだうえで，定期テストでもその課題に即して

表 5-3　テストデザイン（テスト計画）例（一部抜粋）

観点	大問	配点	テスティングポイント	学習のポイント
知識・技能 （大問 1-4）	1	2 点 × 8	【リスニング問題】 比較表現と受け身表現から出題。質問を聞いてその質問に対する答えを選択することができる。	比較と受け身の表現について理解する。質問文の最初の疑問文に着目し，5W1H を聞き分ける。
	2		（略）	
思考・判断・表現 （大問 5-8）	6	8 点	【長文読解】 ある都市についてのパンフレットを読み，日本語での質問に対して，日本語で答えることができる。	比較と受け身の表現について学習した形容詞を押さえておく。
	7	8 点	【グラフのタイトルとグラフの選択】 クラスメートにアンケートを実施しその結果を発表した原稿を読み，適切なグラフを選びタイトルをつける。	グラフを用いてのプレゼンタスクの内容を振り返る。

（出所）野坂，2022 より作成。

問題が作成されています。また，学習のポイントや配点の重みづけについても生徒に示しています。このように，テスト計画として，テストやパフォーマンス課題をどのように観点別評価に集約するかという（イ）の段階をも生徒に示すことで，生徒にとっても学習の指針となるとともに，透明性の高い評価となります。

地域で指導と評価の計画を共有する実践

　次に紹介したいのは，教師集団や同じ地域の教師たちで指導や評

価の在り方を吟味し，共有した枠組みを作成・活用している取り組みです。京都府の乙訓地域で取り組まれている「**乙訓スタンダード**」（詳しくは第7章も参照）です。

　本章でも，各教科の単元構成やパフォーマンス課題を中心とした評価の在り方を進める際には，教師集団や同じ地域の教師たちの指導計画の吟味や検討，共有が必要となることを述べてきました。また，各学校に決定権がある観点別評価の評定への集約についても，公平性担保のためには地域での方針の共有が必要であることを述べてきました。

　乙訓スタンダード（図5-4）では，3観点の重みづけや，各単元においていつ（どの活動や課題で），何をどう評価するのか（観点や評価方法・ルーブリックなど）を整理できるような「評価計画」を共有しています。そして各教師が，このフォーマットに即して自身の実践を計画します。なお，3観点の重みづけについては，地域の教師にアンケートを実施し，教科ごとに平均をとった結果で割合（数値）を定めてあります。そのため，3観点の割合は各教科で若干異なりますが，実際の指導の実態に即したかたちで設定されています（例えば，4：3：3など。今後議論を経て変更する可能性もあります）。一律に1：1：1というルールを教師たちに強いると，例えば主体性を育成する指導を十分に行えていない実態があってもその重みづけで評価が行われてしまいますが，このような状況を把握しつつ，できるだけ3観点のバランスを吟味して割合を決定するという試みは，一歩進んだ取り組みだといえるでしょう。そして今後，とくに主体性の育成をめざした指導や評価方法がより確立され，共有されるなかで，この観点の重みづけを再検討していくことも前提とされています。

　重要なのは，こうした共有できる枠組みがあることで，教師たちは年間指導計画の作成や単元計画において，「思考・判断・表現」

図 5-4 「乙訓スタンダード」における書式例

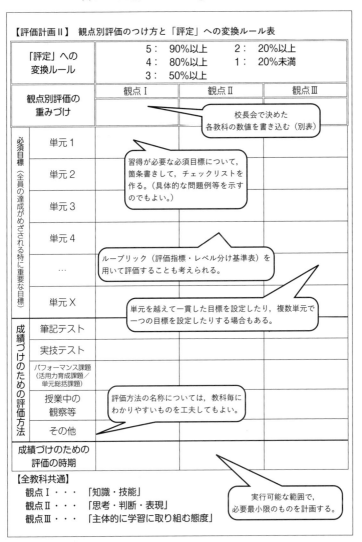

【評価計画Ⅱ】 観点別評価のつけ方と「評定」への変換ルール表			
「評定」への 変換ルール	5： 90%以上　　2： 20%以上 4： 80%以上　　1： 20%未満 3： 50%以上		
観点別評価の 重みづけ	観点Ⅰ	観点Ⅱ	観点Ⅲ
	校長会で決めた 各教科の数値を書き込む（別表）		
必須目標（全員の達成がめざされる特に重要な目標）	単元1		
	単元2　習得が必要な必須目標について， 箇条書きして，チェックリストを 作る。（具体的な問題例等を示す のでもよい。）		
	単元3		
	単元4		
	…　ルーブリック（評価指標・レベル分け基準表）を 用いて評価することも考えられる。		
	単元Ⅹ　単元を越えて一貫した目標を設定したり，複数単元で 一つの目標を設定したりする場合もある。		
成績づけのための評価方法	筆記テスト		
	実技テスト		
	パフォーマンス課題 （活用力育成課題／ 単元総括課題）		
	授業中の 観察等　評価方法の名称については，教科毎に わかりやすいものを工夫してもよい。		
	その他		
成績づけのための 評価の時期			
【全教科共通】 　観点Ⅰ・・・「知識・技能」 　観点Ⅱ・・・「思考・判断・表現」　　実行可能な範囲で， 　観点Ⅲ・・・「主体的に学習に取り組む態度」　必要最小限のものを計画する。			

5
章

(出所)「新・乙訓スタンダードについて」乙訓中学校長会資料 (提供：湯浅修一教諭)，2024年1月12日。

や「主体的に学習に取り組む態度」をどのように位置づけていくか，ということに意識を向けることができます。さらに生徒や保護者にとっては，こうした指針に即して行われる成績評価であるという共通認識によって，成績評価において一定の透明性が担保され，納得することができます。

　発展的には，各単元において「この観点や評価方法でよいのだろうか」という議論を行えるような場，教師間で共有し学び合うことで優れた実践の共有もできる場としていくこと，さらに，形骸化したルールにならないようにするために枠組み自体の問い直しや3観点の割合等の再吟味も必要です。しかしながら，まずはこうした共通の枠組みを作成し，教師間や学校間での共通認識を図る取り組みが，他の地域においてもその実態に即して進められていくことが望まれます。

ま と め

　本章では，内申書に記載される観点別評価と「評定」との関係について検討してきました。評定の「結果」だけでなく，そこに至るまでの評価のプロセスを透明化していくこと，できるだけ生徒との共有をめざすことが大切です。また，そうした議論のなかで，教師間や生徒の声から，そもそもそうした方法論でよいのか，そもそもどのような力を育成していくべきなのか，という本質的な議論が生まれます。評価は目標と表裏一体のものです。とくに「思考・判断・表現」や「主体的に学習に取り組む態度」については，評価の「公平性」ばかりを追い求めるのではなく，育てたい力を見据えて，どのような指導が必要なのかをしっかりと検討し，適切な評価方法を追究していく必要があります。

引用・参考文献

石井英真 (2019)「新指導要録の提起する学習評価改革」石井英真・西岡加名恵・田中耕治著『小学校指導要録改訂のポイント』日本標準

石井英真 (2023)『中学校・高等学校　授業が変わる学習評価深化論──観点別評価で学力を伸ばす「学びの舞台づくり」』図書文化

大西里奈 (2023)「ルポ：2年目を迎えた「3観点評価」の実態──高校現場の声から課題と対応を考える」『新英語教育』6月号，15-17.

神奈川県教育委員会 (2020)「カリキュラム・マネジメントの一環としての指導と評価──学習評価資料集（小学校，中学校）」

田中保樹・三藤敏樹・髙木展郎 (2023)『主体的に学習に取り組む態度──その育成と学習評価』東洋館出版社

垂水裕子 (2020)「多面的な評価に関する考察──教育格差の観点から」大学入学者選抜における多面的な評価の在り方に関する協力者会議資料

中央教育審議会 (2016)「幼稚園，小学校，中学校，高等学校及び特別支援学校の学習指導要領等の改善及び必要な方策等について（答申）」

中央教育審議会 (2019)「児童生徒の学習評価の在り方について（報告）」

西岡加名恵 (2013)「『乙訓スタンダード』作りの取り組み」田中耕治『「活用」を促進する評価と授業の探究』科学研究費補助金基盤研究 (C) 研究成果最終報告書

ネットワーク編集委員会編 (2022)「座談会　評価をめぐる学校現場の実態　石川晋×全国の教員」『授業づくりネットワーク』第43号，50-55.

野坂良太 (2022)『中学校英語　帯活動＆単元末タスク活動アイデアワーク』明治図書

八田幸恵・渡邊久暢 (2023)『深い理解のために　高等学校観点別評価入門』学事出版

藤永保監修 (2013)『最新　心理学辞典』平凡社

堀哲夫 (2019)『一枚ポートフォリオ評価 OPPA──一枚の用紙の可能性〔新訂〕』東洋館出版社

堀哲夫監修・中島雅子編 (2022)『一枚ポートフォリオ評価論 OPPA でつくる授業──子どもと教師を幸せにする一枚の紙』東洋館出版社

文部科学省 国立教育政策研究所教育課程センター (2019)『学習評価の在り方ハンドブック』

Zimmerman, B. J. (1989) A social cognitive view of self-regulated academic learning, *Journal of Educational Psychology*, Vol. 81, No. 3, 329-339.

5章

生徒会活動,
部活動と内申書
Chapter 6
どのように記載すべきか

はじめに

　生徒会活動や部活動は，子どもの権利保障の点で，とくに意見表明の権利，参加の権利，リクリエーションや文化的及び芸術的な生活に参加する権利などの保障において重要な役割を果たしています。改訂版生徒指導提要で子どもの権利が明記されたものの，子どもが客体として位置づけられており参加の権利保障に課題があることが指摘されるなかで（間宮，2023），こうした活動は重要です。一方，生徒会活動や部活動は，自主的な活動とされ，公平性・客観性の担保が教科の評価よりも格段に難しいといえます。そのうえ，部活動は学校としての指導が義務づけられてもいません。[1]

　本章では，こうした論点を踏まえながら，生徒会活動と部活動の評価が内申書にどのように記載されるべきかについて考えます。なお，私立学校のスポーツ推薦入試などで，部活動の業績が入学の可否に大きな影響を与えるケースもありますが，ここでは都道府県単位の公立高校入試の内申書に限定して話を進めます。

1　高校入学者選抜と学業成績以外の記録

　第1章で示されているように，生徒会活動も部活動もともに，

公立高校の入試では，「内申点」にほとんど影響を与えない自治体が多数です。ただし，内申書にまったく記載されないわけではありません（後述のように，記載する自治体のほうが多いのです）。

　大学の授業で，小学校から高等学校までの学校生活で自分に影響を与えたものを尋ねると，部活動や生徒会活動を挙げる学生が多くいます。時間割に記載されている授業のほうが時数は長いはずですが，授業よりも印象深いようです。部活動や生徒会活動について，受験生が「こんなに努力してきたのだから，入試でもっと見てくれるといいのに」と考えることも十分理解できます。また，その指導に関わる教師が「教科の授業以外も考慮してほしい」と考えることもあるでしょう。

　第2章で見てきたように，上級学校への進学にあたって，1回の学力検査結果（入試）だけでなく，より多様な観点から下級学校での活動の評価も反映させるという役割が内申書にあるのであれば，なぜ部活動や生徒会活動の評価がほとんど反映されないのかという疑問が出てくることは当然のようにも思えます。

　「高等学校の入学者選抜について（通知）」（2023年2月22日）(5)のエでも学業成績以外の記録を充実・活用することを求めています。

> 　生徒の個性を多面的にとらえたり，生徒の優れている点や長所などを積極的に評価するため，調査書の学習成績の記録以外の記録を充実し，活用するよう十分配慮すること。その際，点数化が困難なスポーツ活動，文化活動，社会活動，ボランティア活動などについても適切に評価されるようにしていくことが望ましいこと。

　ここに明らかなように，学習成績以外の活用が推奨されています。なお，スポーツ活動や文化活動，ボランティア活動などは部活動とは限らず，特別活動における体育的・文化的行事や生徒会活動における委員会活動・ボランティア活動としてなどの記述も考えられま

す。

　しかしながら，「点数化が困難」なものを内申書の記述で「適切に評価」し入学者選抜で使用していくことの問題や，そもそも含んでいる理論的な問題については触れられていません。

　「指導要録」参考様式では，①教科は観点別に評価し，それをもとに評定をつける様式です。一方，②「特別の教科　道徳」，③教科外活動（「総合的な学習の時間の記録」「特別活動の記録」「学級活動」「生徒会活動」「学校行事」），④「行動の記録」「総合所見及び指導上参考となる諸事項」欄は，すべて文章記述する様式です。とくに，文章記述で評価するものについては，日常的に指導に関わっている教師でないと適切な評価は難しいでしょう。指導要録でも評定をつけないものについて，どのように入学者選抜で使用するのかについては，大きな課題があります。

　また，指導要録の参考様式欄の説明を読んで，部活動欄がないことに気づいた人もいるでしょう。実は，生徒会活動が特別活動の1つとして教育課程に位置づけられている一方，部活動は教育課程外だが学校教育活動，というわかりにくい位置づけになっています。このため，部活動を指導要録に書くとすれば「総合所見及び指導上参考となる諸事項」欄になります。にもかかわらず，現状では，**進学資料**としての内申書に，教育課程外の（つまり学校として指導が必須ではない）部活動も記載する（ただし評点はつけない）という自治体のほうが多いのです。

　学習指導要領上の位置づけがかなり異なりますので，次節から，生徒会活動，部活動の順に，分けて考えてみましょう。

2 生徒会活動の評価はどう位置づけられる べきか

生徒会活動は特別活動に位置づく

　生徒会活動は，教科外領域の１つ，**特別活動**に位置づけられます。特別活動では，生徒会活動のほか，学級活動，学校行事が位置づけられていますが，時数の割り当てが明記されているのは学級活動だけです（週１単位時間）。つまり，生徒会活動は時数の割り当てはありませんが，教育課程上位置づけられ，学校で取り組むべき活動です。2017 年版の中学校学習指導要領では，生徒会活動の目標について次のように書かれています。

　異年齢の生徒同士で協力し，学校生活の充実と向上を図るための諸問題の解決に向けて，計画を立て役割を分担し，協力して運営することに自主的，実践的に取り組むことを通して，第１の目標に掲げる資質・能力を育成することを目指す。

　なお，第１の目標とは，特別活動全体の目標として掲げられている以下のものです。

　集団や社会の形成者としての見方・考え方を働かせ，様々な集団活動に自主的，実践的に取り組み，互いのよさや可能性を発揮しながら集団や自己の生活上の課題を解決することを通して，次のとおり資質・能力を育成することを目指す。

(1)　多様な他者と協働する様々な集団活動の意義や活動を行う上で必要となることについて理解し，行動の仕方を身に付けるようにする。

(2)　集団や自己の生活，人間関係の課題を見いだし，解決するために話し合い，合意形成を図ったり，意思決定したりすることができるようにする。

(3) 自主的，実践的な集団活動を通して身に付けたことを生かして，集団や社会における生活及び人間関係をよりよく形成するとともに，人間としての生き方についての考えを深め，自己実現を図ろうとする態度を養う。

生徒会活動を個人の選抜のために用いるべきか

つまり，生徒が会長等の役職についたかどうかではなく，基本的にこれらの目標に基づいて評価が行われるべきでしょう。そのうえで，「異年齢の生徒同士の協力」を前提とし，「自主的，実践的に取り組む」活動に関する評価を，個人の選抜資料の材料に使用することは妥当か，妥当だとすればどのようにすべきかが問われなくてはならないでしょう。

「学校生活の充実と向上を図るための諸問題の解決」をするためには，上記(2)にも記されているように課題を見出すことが必要です。学校生活における課題の発見を，個人における資質・能力として取り出し，選抜資料とすることには無理があります。

たとえ**個人の課題発見**から始まった問題解決だとしても，それが実際に生徒会活動として展開していく際には，集団での話し合いや活動を経ていくはずです。こうした集団の活動に対する評価を，個人の選抜資料に含めるべきかという問題が生じます。

評価するとするならば，**選抜のための評価**ではなく（内申書には記載すべきではなく），**指導のための評価**と位置づけるべきです。そのうえで，生徒会活動を通じて子どもたちの何を育てるかという目標研究，どう評価するかという評価研究が必要です。例えば，自治的な活動では，生徒たち自身が課題を発見し，目標を立案することや，活動の状況を見ながらときには目標を修正することが重要です。子どもの参加を，強制ではなく，また，与えられた活動をするだけ

のお飾り参加にとどめず，**権利保障**として位置づけるためにも，この点は重要です。そうでなければ，例えば教師の方針と生徒会の方針が対立しているようなときに，内申書に悪く書かれるかもしれないという心配から，教師と対立する意見を主張しにくくなる，ということが起きかねません。

　また，不登校の生徒の学校外での指導やオンライン活用なども認められている（学校外の場でも，指導を受け，それが認められれば，出席扱いになります）なかで，学校に来なければ参加しにくい生徒会活動をどのように実施していくかは，評価の問題に限らず，権利保障の観点からも検討される必要があるでしょう。

子どもの権利と生徒会活動

　生徒会活動は，**子どもの権利条約**における**意見表明権**（第12条），**結社・集会の自由**（第15条）と密接な関係をもちます。これらの権利は，そのような権利があることを認めるだけで実行できるという性質のものではなく，意見が聞かれる経験が保障されること（the right to be heard），実際に集まってやってみる経験が保障されることが重要です。そのような権利を保障する場として，学校教育は重要な役割を果たすことができます。なぜなら，継続的な関わりを通じて相互の信頼関係を育むなかでこそ，豊かに経験される活動だからです。うまく言えない，うまく協力することができないなどの問題があったときに，教師が指導することが重要です。

　その一方，学校や教師の方針が既存のルールの遵守，もしくはいっそうの「管理強化」へと傾き，子どもの意見や自主的な活動をおさえるものとなったときには，既述のように，率直な意見表明や参加が難しくなることが考えられます。とりわけ，生徒会活動が進学時の内申書に影響する場合，子どもが教師に意見を言えなくなり，

教師の意向と異なる活動を展開できなくなることは十分あり得ます。内申書に教師が記載することで、子どもたちの意見表明や自治的活動を委縮させることがないようにする必要があります。

　自主的で自治的な取り組みについて、教師が作成する資料には記述しない、選抜で考慮しないということは、上記からは重要に思えます。その一方、本人にとって重要な取り組みが反映されないということは問題だといえます。内申書とは別に、生徒自身が作成したアピールの文書などを参考資料として扱うという方法を採用すると、これらの問題を克服できます。ただし、教師が記述するとき以上に、結局のところ主観による評価ではないのかという疑念を払拭することは容易ではないでしょう。

　また、それらの文書作成にあたって、教師や周囲の大人の支援を得られるかにも差が生まれるでしょう。文書はあくまで参考にして、面接試験で受験生本人に取り組みについて確認するという方法は、こうした問題を克服できますが、面接試験の蓄積が乏しい自治体では、導入時に大きな負担感が生まれるでしょう。公平な選抜のために行う、という発想だけでなく、こうした試験に向けての準備や、面接試験そのものが、生徒が自分の考えを口頭で伝えるための**指導の機会**として、積極的に位置づけられていく必要があるでしょう。

3　部活動の評価はどう位置づけられるべきか

学校教育活動だが教育課程外の部活動

　部活動は、学習指導要領において、学校教育活動と位置づけられており、事故の防止等について学校が責任をもちます。これは、部活動が同好の教師と生徒による自発的な活動と位置づけられていた時代に、暴力や事故の責任があいまいであったという問題を乗り越

えるためには重要なことです。

しかし，すでに述べたように，部活動は中学校での教育課程上の位置づけはありません。つまり，中学校で必ずしも行わなくてもよいのです。だからこそ，教師の多忙化解消や，少子化による部活動成立の困難さ（例として，試合にエントリーしたくともチームを編成できる人数がそろわない等）等を背景に，2023年度から，部活動の地域連携・地域移行が推進されています[4]。

さて，学習指導要領第1章総則の第5の1のウでは，部活動は教育課程外のものと明記したうえで，その教育的な意義等について，以下のように示されています。

> 教育課程外の学校教育活動と教育課程の関連が図られるように留意するものとする。特に，生徒の自主的，自発的な参加により行われる部活動については，スポーツや文化，科学等に親しませ，学習意欲の向上や責任感，連帯感の涵養等，学校教育が目指す資質・能力の育成に資するものであり，学校教育の一環として，教育課程との関連が図られるよう留意すること。その際，学校や地域の実態に応じ，地域の人々の協力，社会教育施設や社会教育関係団体等の各種団体との連携などの運営上の工夫を行い，持続可能な運営体制が整えられるようにするものとする。

上述のように，部活動は，現在の学習指導要領において教育課程外のものとされており，指導要録の参考様式にも項目名として挙がっていません。それでも，内申書に記載する自治体は多数あります。

2022年度7〜8月に実施された「令和4年度 高等学校入学者選抜の改善等に関する状況調査（公立高等学校）」（文部科学省，2022:20-3）によれば，内申書に部活動の記録に特化した記入欄を設けている都道府県は4県（青森，千葉，宮城，山梨〔山梨市を除く〕）あり

ます。

　欄を設けていない都道府県を含め，調査書における部活動の記録の入学者選抜（推薦入試を除く）への活用について尋ねると，「全ての学校・形態の選抜で活用している」都道府県は 32，「一部の学校や，一部の形態の選抜のみで活用している」は 11，「活用していない」は 4 でした。

　ただし，全て・または一部活用と回答した都道府県に，「部活動の実績を点数化，［筆者注：選抜資料の総合評点の］得点への加算について」問うた場合には，「全ての学校・形態の選抜で加点している」1（埼玉），「一部の学校や，一部の形態の選抜のみで加点している」11，「加点はしていない（総合的に判断する際の資料としてのみ用いる）」31 となります。

　まとめますと，部活動の記録は，推薦入試を除いた場合でも活用している都道府県が 43 と多数ですが，点数化して加点しない都道府県が 31 あります（各都道府県の具体的な記述は文部科学省，2022: 23 参照）。なお，この調査の時点で唯一「全ての学校・形態の選抜で加点」していた埼玉県も，2023 年 12 月に，2027 年度入試（2026 年度末実施）から，内申書の様式を変更し，部活動についての加点はしないことを決定しました（埼玉県教育委員会，2023）[5]。新様式では，入試の判定に影響を与える部分は教科の評定値と備考欄（「特別支援学級等に在籍する生徒で，評定を記述形式で記入している場合に記載」と記述内容を限定しています）のみになっています。内申書以外に，「受検生の学校内外での活動や意欲等を自らの言葉で表現する自己評価資料の提出を全ての受検生に求め」るとしており，「自己評価資料に基づき面接を実施」する方針です。

子どもの権利を保障することと選抜資料にすること

部活動の学校における実施は，子どもの権利条約第 31 条 2 項[6]との関係で，大きな役割を果たしてきました。学校外でのいわゆる「お稽古」やスポーツクラブなどに比べ，金銭的・時間的負担が軽い状態で，継続的に参加することができる場でした。いわば，文化的及び芸術的な活動並びにレクリエーション及び余暇の活動のための適当かつ平等な機会の提供を奨励する場所として重要な役割を果たしてきました。

その一方，受験のために部活動がやめられない，進路に関して顧問に逆らえないという生徒もいました。「彼らは気づけば進路決定時期にあり，監督の指示のもと進路が決定されてゆく。自身の進路を決定する余裕がない状況が生み出されているのである。この監督依存型の進路決定を望んで入部する選手も少なからずいる。この仕組みから日本のスポーツ選手は，他国の選手よりも進路選択において自律性が発揮されにくい傾向にある」（金田，2013: 120）と指摘されています。これは内申書の問題そのものではありませんが，部活動と入試の問題として重要な論点です。

生徒の自己評価と内申書

実は，「児童生徒の学習評価の在り方について（報告）」（2019 年 1 月）では，学校外の活動について次のように述べています。

例えば，地域のスポーツクラブにおける活動や各種の習い事，趣味に関する活動等，児童生徒が学校外で行う多様な活動については，必ずしも教師が把握することが求められるものではなく，在籍する学校における評価の対象になるものではない。そのため，こうした事項については，同じ資格等であっても，学校によって指導要録や調査書への記載の有無が異なる等の指摘もある。生徒が在籍する学

校から提出される調査書は，あくまでも学校における活動の記録であることに留意した上で，入学者選抜を行う高等学校や大学等は，これに過度に依存することなく，生徒一人一人の多面的・多角的な姿を考慮するよう，本人からの提出書類，申告等を通じて確認するなどの工夫が求められる。

　こうした書類や申告には，学校内の部活に限らない活動をアピールできるよさはある一方で，①学校外の取り組みについては「わかりやすい成果」が示される競技会やコンテストを助長する可能性があること，②過疎が進む地域では，部活も少なく，学校外での活動の場も乏しいといったことが予想され，都鄙格差を助長する可能性があること，などが指摘できます。

 ## 4　なぜ教育課程外の部活動が指導要録や入試に影響を与えるのか

　「教育課程外なのに，なぜ部活動がこんなに内申書で重視されるのだろう」と不思議に思った人もいるでしょう。実は，部活動が教育課程上に位置づいていた時代が長くあったのです。神谷拓(2015) を参考に，それが教育課程外に位置づいていった経過を見てみましょう。

　1969 年改訂学習指導要領では，中学校で教育課程上必修の**クラブ活動**が位置づけられ，それとは別に部活動が行われました。クラブ活動の必修化については，教員の超過勤務手当削減という側面があったのではないかと推測されます。1960 年代，部活動は勤務時間外に及ぶことが通常であり，文部省（当時）は「教職員の勤務状況調査」において超勤に部活指導が大きな割合を占めることを把握していました。週２時間の超勤の手当ての半額を国庫負担とする方

針で，1968年度予算の概算要求において63億円を計上しましたが，最終的には大蔵省(当時)が15億円に減額しました。一方，1969年2月東京高裁において，教師に超勤手当を支払う判決が出されました。財源がないのにどうするのかという問題を考えたときに，必修クラブを設置し勤務時間内に指導可能にするという「解決策」が採択された可能性は否定できません。教育課程内でクラブ活動を保障しているため，それ以外の指導はあくまで教師のボランティアという説明もしやすくなります。

　1980年の指導要録改訂によって，中学校では部活動の評価を「行動及び性格の記録」の「趣味・特技」欄に記載するようになりました。徐々に進学のための運動部活動が高校受験に浸透していき，私立高校におけるスポーツ推薦入試の実施が広がったといわれています。

　さらに，1984年，学校教育法施行規則が改正され，「各高校の特色をふまえた選抜」が公的に認められ，それまでは職業科中心に行われていた推薦入試が，普通科でも広がりました。部活動の成績も点数化し，合否判定点数に加える自治体がありました。推薦入試において学業成績以上に部活動が重視され始めましたが，部活の何を評価するのか，という議論はきちんとなされず，競技・コンクールの成績が重視されるようになりました。

　1989年の学習指導要領改訂で，部活動への参加によって必修クラブの履修とみなす代替措置を認め，これによって教育課程内・外の位置づけの違いがあいまいになりました。1991～93年の指導要録改訂では，部活動について「指導上参考となる諸事項」欄で記載（小・中・高とも）され，学校の教育活動の一環として児童生徒が運動や文化などに関わる行事等に参加した場合には出席扱いであることが確認されました。それとは別に，中学校で必修クラブは趣旨

6
章

（「自己の興味・関心を意欲的に追求し，他と協力して課題に向けて創意工夫して取り組もうとする」）に基づき，それが「十分満足できる状況」であったときに○をつけるようになりました。部活動との「二重の評価」が行われたといえます。

1991年の中央教育審議会（中教審）答申で「評価尺度の多元化・複数化」，推薦入試の積極的推進が示され，学習成績を求めず活動歴や競技成績のみでの入学も認めることとなり，93年の通知「高等学校の入学者選抜について」で全国に示されました。

教育課程外と位置づけられても学校活動として重視された

1998年学習指導要領改訂にともない，「学習指導要領解説　特別活動編（中・高）」に，「放課後における部活動は学校において計画する教育活動であるが，教育課程基準としての学習指導要領には示されていない。しかし，これを実施する際には，学校の管理下で計画し実施する教育活動として適切な取り扱いが大切である」と示されました。また，「学習指導要領　保健体育編　指導計画の作成と内容の取扱い（中・高）」では，「体育・健康に関する指導の趣旨を生かし，特別活動，運動部の活動などとの関連を図り，日常生活における体育・健康に関する活動が適切かつ継続的に実践できるよう留意する」と示されました。まとめますと，部活動は学校の管理のもと計画・実施する教育活動であり，とくに運動部活動については教科との関連も示される一方，教育課程上には位置づいていない，と示されました。

2001年指導要録改訂では，結論からいえば，部活動に関する記載は引き続き可能でした。ただし，1998年に必修クラブは廃止されたため，それにともない要録で項目は削除されました。新設の「総合所見及び指導上参考となる諸事項」欄のなかで，「生徒の特

徴・特技，部活動，学校内外におけるボランティア活動，表彰を受けた行為や活動」などを記載するとの方針が示されました。推薦入試での部活動の成績重視が一般化しているため，外すことはできなかったのだと思われます。

2001年3月，文部科学省「児童生徒の運動競技について」が通知され，対外試合への参加を制限してきた対外試合基準を廃止する方針が示されました。この方針を受けて高体連（全国高等学校体育連盟）や中体連（日本中学校体育連盟）が新しい対外試合基準を定め，同日「児童生徒の運動競技に関する基準」を発表しました。基本的にこれまで以上に対外試合へ参加できる内容になりました。つまり，学校外での活動をより積極的に認める方針になったのです。

2002年の中教審答申「子どもの体力向上のための総合的な方策について」では，体力低下防止の切り札として運動部活動に期待が寄せられました。

2005年閣議決定「経済財政運営と構造改革に関する基本方針2005」では，学校選択制度を全国に普及する方針が示され，これに対して文部科学省は，学校選択制度運用について各市町村教育委員会の自主的な判断を尊重する立場をとり，国による義務づけには難色を示しました。同年12月の規制改革大臣と文部科学大臣の「大臣折衝」において，①文科省が市町村教育委員会に積極的な検討を促すこと，②学校選択制度を拡充するために部活動も選択の理由として認めること，③施行規則に明文化することで合意しました。それまで「部活による中学校選択」はまったく議論されておらず，驚くべき展開でした。学校選択制の実行は1997年文部省通知「通学区域制度の弾力的運営」からでしたが，その際の条件は，①地理的な理由，②身体的な理由，③いじめの対応でした。これらとは性質の異なる「部活」が学校選択の理由として認められたことになりま

6
章

す。部活が充実していないことが入学者減につながり，学校の生き残り競争にもつながる問題となりました。地域とのつながりが希薄になる等の問題も指摘され，見直す自治体も出てきたといわれています。そもそも，公立校の教師には定期的に人事異動があり，部活の指導者がいつまでも当該校に在籍するわけではありません。人事異動にかかわらず指導の質を維持することは，指導の資格も免許もない状況では難しく，矛盾が大きい方針でした。

　2008年には，部活動の位置づけは「学校教育の一環」と位置づけられました。「生徒の自主的，自発的な参加により行われる部活動」「学校教育の一環として，教育課程との関連が図られるよう留意」と明記されました。しかし，教育課程の他の領域に解消されないような独自の目標についての言及はありません。

学校内から地域連携・地域移行へ，成果至上主義から居場所や楽しさ重視へ

　2017年改訂学習指導要領も2008年と同様の問題を有したまま，「持続可能」の文言が加わりました。教師の多忙化・少子化を背景に，さまざまな問題と，子どもが学校ではなくともスポーツや文化的活動に参加できるようにという観点から議論が行われました。文部科学省だけでなく，スポーツ庁が2018年3月「運動部活動の在り方に関する総合的なガイドライン」を，文化庁が同年12月「文化部活動の在り方に関する総合的なガイドライン」を，さらにスポーツ庁・文化庁が合同で2022年12月に「学校部活動及び新たな地域クラブ活動の在り方等に関する総合的なガイドライン」を策定しています。スポーツ庁は，運動部活動について，運動の得意・不得意にかかわらずスポーツを楽しめる「居場所」としての需要が非常に大きいと指摘し，「ゆる部活」なども紹介しています。

これらの経過を踏まえますと，部活動については，学校外での取り組みも当然の時代となっていること，成績至上主義ではなく居場所や楽しめることの意義などが重視されてきているといえます。わかりやすく言えば，「学校の部活に入らなかったり，サボったりすると内申書に響く」という考えはすでに成り立たなくなっています。部活動を進学のための資料とする場合も，教師が書くよりも，生徒自身がアピールすることが重要になるでしょう。

　部活動に限らず，学校外での取り組みについてアピールできることは，学校から評価されるわけではないけれど自分自身が価値を置いてきた活動を意義づける機会がある点でも重要だと思われます。例えば，家業・家事の手伝いなどを熱心に行っている生徒もいるでしょうし，新しい文化・スポーツ活動などを立ち上げつつある生徒もいるでしょう。思春期の生徒たちが，学校外での学びと生活についても自己をアピールできるような機会として，入試を位置づけていくことが重要です。

ま と め

　特別活動のなかの生徒会活動については，学校での指導が学習指導要領でも位置づけられており，教師が指導要録に記述し，内申書もしくはそれに類する資料に含めることに一定の根拠を見出せます。ただし，生徒会活動の教育評価研究，つまり何をどのように書くかの研究が必要です。繰り返しになりますが，「生徒会長は内申書の総合評点へ加点」とするなど，役職と点が結びつくような扱いには議論の余地があるでしょう。むしろ，生徒が自己アピールとして書く，申告する等のほうが適切だと思われます。ただし，こうした書類の書き方を指導する教育産業にアクセスできる生徒や，書き方を助言してくれる教師がいる生徒などが有利になることはあり得ます。結局のところ「すぐれた指導者」が得られるかどうかに左右されるという点では，公平

性には疑問が残ると思われます。その一方，自分が努力してきたものについて，その意義を他者にわかりやすく伝えられるようになるための指導の機会と考え，教育の一環として積極的に位置づけられるという可能性もあります。

　部活動に関しては，指導要録に特設欄はなく，内申書にも欄の特設をすべきでないでしょう。現状のように，特活と混ぜて欄を設置し，部活動について記述することにも，さまざまな問題があります。①生徒の自発的・自主的活動という原則に反している（しない生徒が不利になり，子どもの余暇の権利を侵害しかねない）こと，②仮に生徒全員が希望して参加したとしても，また部活指導を教師が業務時間内にできるという状況になったとしても，現状では教師や指導者が指導と評価のトレーニングを受けておらず，専門性の育成と評価開発（誰が，何を，どのように評価するか）も十分でないこと，などです。入試において，生徒が別紙などで追加資料を書く，自己アピールすることはよいと思われますが，上述のように部活動の評価に関する教育学的根拠が未確立の現状では，審査も難しいでしょう。

　なお，生徒会活動と部活動の評価について，内申書に「記載すべき／べきでない」という結論を全国統一で出すことは難しいように思われます。各自治体や学校が，地域や学校の実態，生徒や保護者の意見を踏まえて，内申書に求める役割を明確にし，方針を決めていくことが必要です。そして，その議論を通じて，子どもの権利を保障する学校づくり，地域づくりの議論を活性化していくことが重要でしょう。

注

1　なお，部活動と似た表現のものにクラブ活動があります。2024年現在の学習指導要領では，小学校の特別活動に位置づけられ，「必修クラブ」と呼ばれることもあります。時数の指定はありませんので実施の程度には差がありますが，小学校で指導されています。過去には中学校学習指導要領でも位置づけられていました（第4節参照）が，現代ではありません。

2　第1章で見てきたように，内申書における特別活動の配点を明記しているのは，

富山県，山梨県，島根県です。県でその比重を統一しています。また，福島県，埼玉県は，内申点に特別活動を点数化して加味するかどうかを各校の決定に任せています。

3　自由な校風で知られた都立北園高等学校における教師の管理強化の問題について，高校生自らが作成したドキュメンタリー映画「北園現代史――自由の裏に隠された衝撃の実態」は，この問題を考えるうえで重要な内容を含んでいます。この事例において，生徒会活動と教師の方針は対立しており，もしここで生徒会活動への評価が内申書に書かれて進路に影響を与えるようなことがあれば，意見表明を控える，活動をためらう生徒もいると思われます。

4　地域での部活動が主流の時代になれば，学校の思い出として部活動が語られることは珍しくなるかもしれません。

5　なお，2026年度入試は移行措置期間とし，現行の入学者選抜において内申書の「特別活動等の記録」へ記載していた部活動に関して，「その他」の項目への記載事項として扱います。また，それにともない，各高等学校の選抜基準の見直しを求めています。

6　児童（子ども）の権利条約第31条（政府訳）：1　締約国は，休息及び余暇についての児童の権利並びに児童がその年齢に適した遊び及びレクリエーションの活動を行い並びに文化的な生活及び芸術に自由に参加する権利を認める。／2　締約国は，児童が文化的及び芸術的な生活に十分に参加する権利を尊重しかつ促進するものとし，文化的及び芸術的な活動並びにレクリエーション及び余暇の活動のための適当かつ平等な機会の提供を奨励する。

引用・参考文献

金田啓稔（2013）「スポーツと生徒指導・進路指導」西岡正子・桶谷守編『生涯学習時代の生徒指導・キャリア教育』教育出版

神谷拓（2015）『運動部活動の教育学入門――歴史とのダイアローグ』大修館書店

神谷拓監修（2020）『部活動学――子どもが主体のよりよいクラブをつくる24の視点』ベースボール・マガジン社

川地亜弥子（2020）「教育方法学――スポーツ部活動の自治と評価」神谷拓監修『部活動学――子どもが主体のよりよいクラブをつくる24の視点』ベースボール・マガジン社

「北園現代史」製作委員会「北園現代史――自由の裏に隠された衝撃の実態」（https://www.youtube.com/channel/UCmVFtPsfJQJmDUzpI1zsjjw）

「子どもの人権と体罰」研究会編（1986）『教師の体罰と子どもの人権――現場からの報告』学陽書房

埼玉県教育委員会（2023）「埼玉県公立高等学校入学者選抜方法の改善について」（https://www.pref.saitama.lg.jp/documents/246569/nyushi-kaizen.pdf）

島沢優子（2014）『桜宮高校バスケット部体罰事件の真実――そして少年は死ぬこと

に決めた』朝日新聞出版

友添秀則（2016）『運動部活動の理論と実践』大修館書店

中澤篤史（2017）『そろそろ，部活のこれからを話しませんか――未来のための部活講義』大月書店

文部科学省（2022）「令和4年度　高等学校入学者選抜の改善等に関する状況調査（公立高等学校）」（https://www.mext.go.jp/content/20221227-mxt_koukou01-1.pdf）

文部事務次官（坂元弘直）（2023）「高等学校の入学者選抜について（通知）」（2月22日）（https://www.mext.go.jp/a_menu/shotou/clarinet/004/002/005.htm）

間宮静香（2023）「生徒指導提要に『子どもの権利』が入りました」日弁連子どもの権利委員会責任編集『子どもの権利ニュース』第26号，2月1月発行（https://www.nichibenren.or.jp/library/pdf/activity/human/child_rights/26.pdf）

DEPORTARE（2018）「"勝つ"ことがすべてじゃない！　多様なニーズに応えるイマドキの部活動「ゆる部活」をレポート」（https://sports.go.jp/tag/school/post-13.html）

Chapter 7　学校間格差と内申書
格差にどう向き合うか

はじめに

　本章では，「中学校間の学力格差」と「入学者選抜に利用される内申書」との関係を考えます（以下，「中学校」は公立中学校）。

　さて，学校間格差というと，みなさんは高校間と中学校間，どちらの格差を連想されますか。中学校教員は，長らく高校間の格差を想定してきました。実際，高校間格差の現実に直面しながら，生徒の希望進路をどのように実現するかを模索してきたからです。

　しかし，近年，中学校間の学力格差問題がクローズアップされるなかで，各校で作成される内申書の信頼性が問われ，そのことで入学者選抜に関わる制度や施策に大きな影響をもたらしています。

　そこで，本章では，第1節で中学校間の学力格差の実態を，第2節でその格差の現状を踏まえた入学者選抜制度と内申書の動向を確認し，第3節で格差問題に中学校としてどう向き合うかを検討します。

1　「学校間格差」の厳然たる事実
──何が格差を生み出しているのか

全国学力・学習状況調査に見る「学校間格差」の実態

　まずは，2007年度から悉皆調査として始まった全国学力・学習

状況調査（以下，**全国学力調査**）で，全国の「国公私立」約1万校の中学校間の学力格差の実態を確認します。全国学力調査は，年度ごとの問題の難易度が異なるため，**標準化得点**（全国平均が100，標準偏差が10となるよう標準化された得点）を利用することで，過去の調査結果との相対的な比較をすることが可能となっています。図7-1は2023年度の全国「国公私立」参加校の国語の標準化得点のヒストグラム（度数分布図）です。各学校では，調査結果と同時に送られてくる標準化得点のシートに自校の平均正答数を入力すると，瞬時に標準化得点が算出でき，全国の参加校のなかでの相対的位置を容易に確認することができるのです（数学，英語も同様）。

ただし，「国公立」の約99％の中学校が参加するこの調査の学校ごとの標準化得点を公表すると，同一の調査問題のため，約1万校の学校間格差（序列）の現実を白日のもとにさらすことになります（物差し1本のハイステイクスな調査）。そこで，文部科学省は，この事態を避けるため全国学力調査の「実施要領」等で「他の学校等の調査結果と比較するためのものではない」「調査により測定できるのは学力の特定の一部分」「問題の難易度や種別による配点や重み

図7-1　2023年度全国学力・学習状況調査（「国公私立」約1万校）
「中学校国語」の標準化得点のヒストグラム

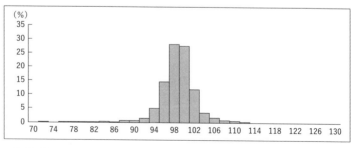

（出所）文部科学省，2023，「標準化得点『参考』シート（調査結果概況）」。

付けを行っていない」「厳密な経年比較はできない」と繰り返し"警鐘"を打ち鳴らしてきました。しかし，こうした通知のなかでも多くの自治体は，学校ごとの公表こそ控えていますが，県や地域単位の結果として活用，発表しています。

なぜ中学校間の学力格差が問題視され始めたのか

　中学校現場では，これまで中学校間の格差問題の知見を共有し対応策を議論することはなかったのではないでしょうか。過去の高校入試や内申書に関する書籍を紐解いても，格差といえば「序列化と不本意入学」など高校間格差の問題でした（全国進路指導研究会編，1976；毎日新聞社編，1981；今橋ほか編，1990 など）。

　しかし，近年，中学校間の学力格差の現実が顕在化し，問題視され始めました。その背景には，①高校進学率が99％に近い状況（2022 年 3 月卒業生 98.9％）が続いていて，高校が"準義務教育的機関"の様相を呈していること，② 2001 年からの「目標に準拠した評価」への転換で，各学校の評定割合が異なるようになったこと（それまでの相対評価による評定割合は全国共通），③ 2007 年度からスタートした全国学力調査で学校間格差・地域間格差がクローズアップされたこと，④教育社会学者を中心に格差問題に対する実証的研究が進展し，その知見が広く紹介されてきたこと，⑤自治体独自の縦断的調査，国の各種の調査や国際学力調査などを利用した分析が深化してきたこと，などが挙げられます。

学校間の学力格差はなぜ生じるのか

「家庭の社会経済的背景」と「地域格差」

　ところで，この学校間の学力格差はなぜ生じるのでしょうか。近年，例えば，全国学力調査の保護者に対する「きめ細かい調査」な

図7-2 2013年度全国学力・学習状況調査（きめ細かい調査）に基づく世帯所得と学力の関係（中学生：国語及び数学）

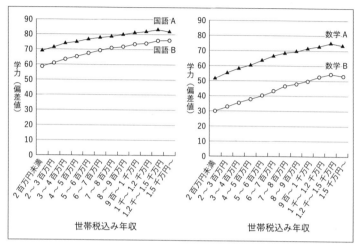

（出所）赤林ほか編, 2016: 5。

どを利用して，「世帯収入と学力」がきわめて高い正の相関関係にあることが明らかにされてきました。図7-2は現場教員にとっても衝撃的なデータです（赤林ほか編, 2016）。

　この家庭の経済的状況は，高校・大学への進路などに大きな影響をもたらします。京都府の全国学力調査や，中学校卒業後の生徒のおもな進路状況（表7-1）などからは，経済的な厳しさが学力や進路に直結していることが，一目瞭然です（京都府健康福祉部家庭支援課, 2020）。

　今日，**家庭の社会経済的背景**（Socio-Economic Status〔**SES**〕：家庭の世帯収入，保護者の学歴，塾等の学校外教育費支出，保護者の子どもに対する学歴期待，文化資本の代理指標である家庭の蔵書数など）や**地域格差**（例えば，大学等進学率は都道府県によって46.3%〜73.0%と大きな

表 7-1　中学校卒業生徒のおもな進路状況（中学校 3 年生）

		京都府		要保護家庭の子ども		準要保護家庭の子ども	
		2013	2018	2013	2018	2013	2018
高等学校等へ進学した者		99.0	99.1	96.5	94.6	98.3	98.2
高校	全　日　制	94.0	93.1	77.1	74.4	90.1	89.6
	定　時　制	1.5	1.2	10.2	4.2	3.4	2.1
	通　信　制	1.9	2.7	7.9	11.3	2.4	4.3
特 別 支 援 学 校 高 等 部		0.9	1.2	1.3	4.8	2.1	1.8
高 等 専 門 学 校		0.8	0.9	0.0	0.0	0.3	0.4

(注) 府内の全公立中学校（京都市立を除く）悉皆調査。「高等学校等へ進学した者」とは，高等学校（全課程），特別支援学校高等部，高等専門学校へ進学した者。京都府教育委員会調べ。
(出所) 京都府健康福祉部家庭支援課，2020 をもとに作成。

差異があります〔文部科学省，2023〕）は，子どもたちの学力と密接不可分で，「人生の選択肢・可能性」が制限されていること，また，生徒の努力の程度を表す勉強時間よりも影響力が大きい傾向があることを浮き彫りにしています。学力格差の問題は単なる教育問題ではなく，今や社会問題であるといわれる所以です（松岡，2019；中村・松岡編，2021 など）。

観点別評価・評定方法が各学校で異なる

　「ほぼ半世紀にわたって確たる位置を占めてきた相対評価（集団に準拠した評価）」は（田中，2013），2001 年の指導要録の改訂により，**「目標に準拠した評価」**に転換しました。学習で苦戦している生徒たちの努力や学力の伸長が見られても，5 段階評定で必ず「5：7%，4：24%，3：38%，2：24%，1：7%」という配分に振り分けなければならなかった相対評価の理不尽から，学校現場は解放されたのです。

しかし，生徒を励ます教育評価としての「目標に準拠した評価」は順風満帆で推移することなく「意図せざる帰結」に直面します。その理由は，各学校で作成されている評価基準が異なることに関係します。文部科学省国立教育政策研究所は「参考資料」で観点別評価のB基準を示しています。しかしながら，A基準の作成手順は示していません。また，まとまった「評価事例集」も紹介されていません。そのため，学校現場の一人一人の教員が，そのB基準からA基準（A判定の根拠＝評定4，5にも関連）を作りますが，その作業はきわめて困難です。そのA基準の不明瞭さは，観点別評価の「知識・技能」の根拠とされる筆記テスト問題の難易度が各校で異なることにもつながります。また，「主体的に学習に取り組む態度」の評価・測定が難しいにもかかわらず，観点別評価の重みづけを3観点とも33％と均等にするように指示する各地の教育委員会の存在が，この評価問題の困難性に拍車をかけています。

　そのため，学期末や学年末に多大な労力を費やして作成した観点別評価と評定が，メディアの「教員の主観的な評価」「評定の5・4の割合が多いのではないか（「評定インフレ」）」などの過度な批判と相まって，生徒・保護者の不信感，不公平感を強めたのも事実かと思われます。長く続いた相対評価の時代にも，高校側から「内申書と当日の学力検査結果を重ねて分析すると，例えば，A校の評定3の生徒とB校の評定3の生徒に学力差があり，各校の5段階評定の質が異なる」との指摘もあったのですが，2001年から「目標に準拠した評価」を推進してきたことが，この学力格差問題を顕在化させ，より先鋭化させた面があるといえます。

2　学校間格差の現状を踏まえた内申書の動向

入試の基本原則と内申書の役割

　次に内申書の動向ですが，まず内申書の役割を確認しておきます。大学の入学者選抜には「入試の三原則」と呼ばれる基本原則があります（佐々木，1984）。それは，**「能力・適性の原則」**（適切な能力の判定），**「公正・妥当の原則」**（公平性の確保），**「高校教育尊重の原則」**（下級学校への悪影響の排除）ですが，高校の入学者選抜制度にも適用できる基本原則といわれてきました。

　この基本原則のもとで内申書に期待される役割は何か。田中耕治はその役割を，①一発勝負の学力検査からの解放や競争の緩和，②多面的に活動する子どもたちの諸能力のトータルな把握，③選抜基準が一方的に下級学校の教育活動を制約・拘束する事態に陥りがちななかで，中学校の教育課程を尊重すべきことが含意されていること，だと指摘しています（田中，2008）。しかし，同時に注意すべきは，「もとより，この三原則は予定調和的に実現されるのではない。とりわけ，『能力・適性の原則』と『下級学校尊重の原則』との間には，相克と呼べるほどの齟齬が生じ，そこでは常に『下級学校尊重の原則』が蹂躙される」と明察しています（田中，2019）。

　また，内申書は文部科学省の通知等により，「選抜方法の多様化，選抜尺度の多元化」「高等学校教育の多様化と柔らかなシステムの実現」へと歴史的変遷を遂げてきました。そして，内申書を用いない場合は，「中学校教育に大きな影響を与えることから，例えばこの方式は例外的な方式であるとの位置付けのもとに定員の一部についてのみ適用する方法などが考えられる」などと周知されてきました（文部科学省，1993；1997）。なお，この歴史は，内申書重視か，

学力検査重視かの二項対立の関係というよりは，学力検査重視と内申書重視を共存させ二層化させる体制であり，「入学者選抜方法の多様化がじつは文字通りの多様化ではなく，学校秩序に対応していることを示している」ことも確認しておきます（中村，1999）。

内申書の学校間格差などへの対応

中学校の「目標に準拠した評価」に基づく内申書に対する，高校側の不満や不信は，おもに「3つの対策」，すなわち「学力検査の重視」「評定の配分割合の公表」「内申書の補正」につながっていると指摘されてきました（田中，2013）。実際，その「3つの対策」が現在も続いて今日に至っています。

①学力検査の重視──内申書の比重を可能な限りスリム化

入学者選抜試験の学力検査と内申書の比重は同じ都道府県内の公立高校であっても異なりますが，その背景には内申書への高校側の不信感も垣間見られます。

そんななかで広島県では，「中学生が内申書を気にせず，自分の物差しで考えるようになってほしい」「内申書をなくしたい」（上阪，2022など）と語る教育長の見解を実現すべく高校入試改革を進めています。具体的には，2023年度入試から，15歳の生徒に身につけておいてもらいたい力を「自己を認識し，自分の人生を選択し，表現することができる力」とし，一般枠による選抜の配点の比重を「学力検査：調査書：自己表現＝6：2：2」，調査書の「学習の記録（評定）」の学年間の比重を「第1学年：第2学年：第3学年＝1：1：3」としました。また，調査書に記載する内容を「学習の記録（評定）」のみに変更し，「欠席日数」「教員の所見欄（特別活動の記録，スポーツ・文化・ボランティア活動の記録等）」を削除しました。

この入試改革1年目の検証結果は，「新しい広島県公立高等学校

入学者選抜制度に係る成果と課題について」（2023 年 8 月）で公表されています。そこには、「中学校 3 か年の欠席日数が記述されない調査書は、欠席日数が入試に無関係であるという大きなメッセージとして届いた」「自己表現は、所見欄の代わりにもなっており、受検者それぞれが自らを見つめ直し、自分なりの工夫をして、多彩で個性的な自己表現が実施された」などの声が紹介されています。

　一方で、この入学者選抜全体に占める「内申書」（3 年間の積み上げ）と「自己表現」（自己表現にかかる総時間は質疑応答を含めて 1 人 10 分以内）が同じ重みになる改革に対して、一般入試のうち独自の方式が認められる「特色枠」で、学力検査と内申書の比重を同等にするなど従来に近い方式で実施する高校も存在します。新聞報道等では、「特色枠」で内申書の比重を重くした高校の校長が「成績評価に中学校ごとの差があることを踏まえても、生徒の日頃の頑張りをしっかり見てあげたい」との声を紹介しています（『読売新聞』、2022b）。また、「自己表現で求めていることは身に付けてほしい大切な力だが、入学者選抜で評価することは難しいのではないか。実施の必要性について検討すべきである。（高等学校，中学校）」「調査書の学年ごとの比重が 1：1：3 であることは、第 1 学年・第 2 学年でコツコツ頑張ってきた生徒に対する評価が十分になされているとは思えない。（中学校）」といった疑問の声も紹介されています（広島県教育委員会，2023）。

　今後、中学校 3 年間の軌跡である内申書の比重を極力スリム化することが生徒・保護者の願いと合致し、15 歳の生徒に身につけておいてもらいたい力を培うのか、また、「自己表現」に家庭の経済的文化的な格差は影響しないのか、つまり「効果の異質性」（平均的な効果だけでなく、生徒の家庭状況によって効果が異なるなど）に着目する視点での分析など、さらなる検証結果を期待したいと思います。

②評定分布の公表と修正

　東京都では，内申書の「評定の客観性・信頼性の確保に役立てる」ことを目的に，都内公立中学校等の「各教科の評定状況」などを詳細に公表しています。例えば，2022年度の「令和5年度選抜の調査と令和4年度選抜の調査における都内公立中学校等の評定状況についての比較」や「中学校等別評定割合（個表）」では，調査対象622校（中等教育学校，義務教育学校を含む）のうち調査対象人員が40人以下の学校等を除いた575校の評定結果が，インターネット上で誰もが閲覧できます（東京都教育委員会，2023）。

　ただし，その調査結果公表の前段階では，「区市ごとに全公立中の校長が3年生の成績一覧表を持ち寄り，評価の偏りを防ぐ都教委の『基準』（例えば，全教科にわたり『1』の評定が付いていないか，『2』と『1』の評定がまったくない教科のある学校がないか，など）を外れていないか，相互にチェックし合う」，また，「基準を超えたケースは区市教委に報告され，該当校に調査が入る。区市によっては，都教委の基準より厳しい基準を設けて報告させる仕組みがある」と報道されています。その公表システムに対して，ある区立中校長は「1が付かない教科が複数出れば適切に評価していないと見られる可能性があり，慎重にならざるを得ない。生徒や教師の頑張りが反映されるのが本来の絶対評価［筆者注：目標に準拠した評価］なのに，矛盾を感じる」と話します（『読売新聞』，2022a）。

　全国の自治体でも，東京都のように相対評価を意識した評定へと指導がなされ，各学校で"自主的"に「相対評価を加味した目標に準拠した評価」として修正している状況も少なくないといわれています。

③自治体独自のテストで内申書を補正

　大阪府では，「中学生チャレンジテスト」（2014年度から中1・中2,

2016年度から中3で実施されている独自の統一学力テスト）で，学校間格差を「補正」して内申書を作成しています。受験対象は中学1年生から3年生です（試験科目は，中学1年生が国語・数学・英語の3教科，中学2年生と中学3年生が国語・数学・英語・理科・社会の5教科）。このテストの目的は「中学校間の評定の不公平さをなくす」ことで，「調査結果を活用し，大阪府公立高等学校入学者選抜における評定の公平性を担保するための資料を作成し，市町村教育委員会および学校に提供する」とされています（大阪府教育委員会「高等学校入学者選抜における調査書の評定について」「大阪府公立高等学校入学者選抜における調査書評定の府内統一ルールのお知らせ」など）。各中学校は，チャレンジテストの自校の結果と府全体の平均とを比べて，自校の各学年の「評定平均の範囲」を算出し，その算出された範囲に収まるように各生徒を個別的に評価するわけです。

　このチャレンジテストの実施上の問題として，学校現場からは，「3年生は9月初めのテストにより各学校の評定平均が決定されるため，その後の努力はいくら頑張っても反映されない」「5教科のテスト結果で，テスト教科外の『音・美・保体・技家』の評定平均も決定される」，さらに「民間業者が採点するのだが，解答用紙は返却されず，点数が通知されるのみで，どこをどう間違えたかも不明」などが指摘されています。加えて，「みんなに迷惑がかかる」とテストを欠席する生徒もいるとの報告もあります（濱元・原田編,2018)。「団体戦」とも称されるこのテストは，全国各地の中学校現場で進路実現のための協働的な学び合いや励まし合いとして使用される「団体戦」の言葉の意味とは様相が異なります。

　こうした内申書の「補正」に対して，永尾俊彦（2022）は「公立中学校が序列化され，格付けされる」「公教育への不信を増幅する」テストだと異議を唱えます。濱元伸彦らも「校区の持つ社会経済的

な背景が評定上の有利／不利に結びつく」「たった1回の学力テストで高校内申点が左右される仕組みは，目標準拠評価ではなく学力テストに準拠した評価」だと指摘します。さらに，「学校平均点が高い学校は，テスト結果で決められる内申点の基準値が高いため，内申点の『インフレ』が生じ，混乱している」「一方で，学校平均点が低い学校では，5教科に合わせて4教科でも全体的に低めの内申点をつけざるを得ない状況だ」といいます（濱元・原田編, 2018）。なお，筆者が，大阪府の中学校の校長にこの問題についてインタビューすると「校区・地域の学校間格差は確かに存在する。チャレンジテストの問題点は多いが，生徒・保護者の公平性に対する不信が改善された側面も少なくない」との苦渋の思いもうかがえました。

 ## 3　学校間格差にどう向き合うのか

学校間格差改善の視点

第1, 2節で，中学校間の格差問題の現状と内申書の動向を見てきました。それでは，学校間格差は，内申書を廃止して入学者選抜に利用しない，または，以前のように相対評価に基づく内申書に戻せば解決するのでしょうか。

ここであらためて考えたいのは，内申書に記載した観点別評価・評定は，教員が生徒と創りあげてきた日々の授業実践そのものであり，多大な労力と時間をかけて作成した通知表や指導要録と切り離せないものだということです。つまり，内申書の過度の軽視，修正等は，中学校での「目標に準拠した評価」を生かした授業実践と，その総括として責任をもって記載した観点別評価・評定の"否定"につながるということです。

しかも，内申書を活用しない場合，国が示す学習指導要領を指針

として積み上げてきた学力の尊重よりも，「入学者選抜のための学力」（入試に必要な受験学力は，学校で培われている学力と必ずしもイコールではない）を高めることが目的となり，その結果，外部の業者テストや教育産業などへの依存度をますます高めることにならないか。しかもその場合，家庭の収入の多寡が進路実現への有利／不利につながり，学校間格差の問題をさらに深刻化させることにならないか，などを十分に検討する必要があります。

　また，相対評価は，「学力格差を前提とする排他的競争を煽るとともに，学力構造の空洞化を押し進めるもの」として批判されてきました。学力の内実が問われることなく集団での位置づけを示す相対評価と「目標に準拠した評価」の相違は，「単に集団に準拠しているのか，目標に準拠しているのかという機能的な採点レベルの問題ではなく，まさに両者には，子ども観，教育観，発達観というかなり根底的なレベルでの相容れない対立が存在している」（田中，2013）という洞察を今一度噛みしめたいものです。

　当然のことながら，授業実践や観点別評価・評定は，内申書のために存在しているのではありません。あらためて，目標と評価の一体化，よくわかる授業，考える授業，学ぶことの意味が実感できる授業を追究し，子どもたちの成長と希望の源泉となる質の高いワクワクする授業実践を創りあげるとともに，「目標に準拠した評価」の実践を深めながら「信頼性・妥当性」を向上させたいものです。

地域で「評価の統一性」に取り組む

　ここでいう「評価の統一性」とは，同じような学習成果をあげている生徒が同じような評価を受けているか（公平かどうか）を問題とする概念です。その「評価の統一性」を確保するには，「評価過程の統一」（評価基準の共有と，解釈や適用方法の統一を図る）と「評価

結果の統一」（評価がなされた後で評価の解釈のくい違いを調整する）という2つの方法がありますが，基本的で有効な方法は**「評価過程の統一」**です（鈴木，2023）。

実は「評価の統一性」の重要性は，中央教育審議会（2010）から「地域で単元計画や評価規準（基準）を共有したりするなど学習評価の妥当性，信頼性等を向上させる取り組み」や「評価の結果が進学等において活用される都道府県等の地域ごとに，一定の統一性が保たれること」が求められていると報告されてきたことです。鈴木秀幸も現在の状況を踏まえて，入試の資料とする場合は，「国や都道府県（高校入試の範囲）で評価基準を作成し，共有する必要」があり，「目標準拠評価の定着のため，国や地域の総力をあげて評価基準の作成に取り組むべきだ」と提起しています（鈴木，2023）。

そこで，第3節では，授業づくりを最上位の目的にしながら，「評価の統一性」や「学校"内"の学力格差の縮小」に取り組んだ結果，生徒・保護者からの評価・評定の「信頼性・妥当性」が高まり，格差問題の改善にもつながった2つの事例を紹介します（なお，この事例に筆者は中学校の校長として関わりました）。

評価の統一性の実践事例——乙訓スタンダード

1つ目に，評価の統一性に地域で取り組んだ京都府の乙訓地域の事例を紹介します。乙訓地域は，京都府南西部の向日市・長岡京市・大山崎町の2市1町からなる地域で，中学校数は8校，教職員の人事異動はおもにこの地域内で行われています。この地域では，自治体を越えた地域共通の評価基準を開発することで信頼性・妥当性を高めようと取り組んできました。正式名称は**「乙訓スタンダード」**で，学習指導要領の2012年度全面実施の前年，学力の「評価計画」を重点的に見直したうえで，年間の「指導計画」をセットで

検討したものです。また，文字通りのスタンダード（基準／標準）なので，各学校の自律性が尊重され，各学校はスタンダードをベースに自校版に微修正しています（各学校の裁量幅を確保）（西岡，2016；盛永，2020）。

取り組み経過

　スタートは2011年8月，地域の校長会が，評価の統一性を推進する目的・全体像やスケジュールを提案しました。その後，全教員対象（講師を含む）のアンケートの実施とその結果を踏まえた「原案」を作成（観点別評価・評定の基本的な考え方や観点別評価から評定への変換ルール，指導計画や評価計画の共通書式など）。その原案に対する各校からの意見を踏まえ，校長会と地域の中学校教育研究会との合同会議で最終確認……と，丁寧に合意形成を進めました。また，当初から，最前線で苦労している教員の当事者・参画意識を高めることが，取り組みの形骸化を防止する生命線と考えました。原案の決定後は，地域の中学校教育研究会の各教科部会で，指導計画・評価計画を具体化（地域共通版＝スタンダード），さらに，その地域共通版をもとに，各校の次年度の評価計画・年間指導計画（各学校版）の作成へと，約8カ月にわたる長期の取り組みを進めていきました。

　なお，アンケートは，各校の評価に関する実態把握と改善のため，各観点の重みづけ，観点別評価を評定に変換するルールなどの調査項目に加え，自由記述で意見・要望・質問を書けるようにしました。さらに，回答を進めていくなかで，観点別評価において用いる必要最小限の評価資料は何か，形成的評価と総括的評価の関係，本質的な問いを踏まえたパフォーマンス課題やルーブリックなどの用語の解説などを学べるように工夫しました。

　なお，取り組みのスタート時点で考えた目的・意義は次の5点です。①評価の信頼性が高まる（生徒・保護者にとっては地域のどの学校

Column 3　乙訓スタンダードの開発プロセス

　乙訓スタンダードを開発する取り組みが始まったのは，2011年度のことでした。2010年度の指導要録改訂を受けて，乙訓地方の8中学校では，2012年からの施行に向けて，あらためて学力評価計画を策定する必要性が高まっていました。乙訓地方では，「評定」について学習の達成度が90％以上を5，80％以上を4，50％以上を3，30％以上を2，30％未満を1とするというルールはすでに作られていたものの，実際の評価の在り方には多様性が生じていました。そこで，乙訓地方中学校長会において，学力評価計画について，何らかの統一的な方針を打ち出そうという決定がなされました。

　学校間の学力格差もあるなか，8校で統一的な評価の枠組みを作ることには賛否両論があったものの，第3節で述べた複数のメリットが確認され，合意に至ったのでした。筆者（西岡）に専門的な立場からの助言の依頼があり，以下のプロセスの採用を提案しました。

　スタンダードの開発にあたっては，まず8中学校に勤務する教員全員（約200名）に対してアンケートが実施されました。アンケートでまず問うたのは，「観点別学習状況」欄の評価（A，B，C；以下，観点別評価）をどのように「評定」に変換するかに関する希望でした。約80％の教員が観点別評価の各観点の成績に重みづけをしたうえで％に変換するという方式を希望したため，その方式が採用されることとなりました。また，各観点の重みづけについて，教科別に集計された結果を踏まえて原案が作成されました。

　乙訓地方では，毎年夏に8校の全教員が集まる乙訓地方中学校教育研究会夏期研修会が開催されています。その教科別分科会において，各観点の重みづけの原案について検討が行われ，微調整の後，承認されました。

　こうして作成された乙訓スタンダードは，次の2つから構成されることとなりました。1つは，「評定」の各評点に期待される学力実態を説明する「評定」用ルーブリックです。例えば，評定3については，「その学年で定められている必須目標（目標のうちとくに重要

なもの）が達成できており，次学年でも問題なく学業についていけると予想される」水準だと説明されています。もう1つは，観点別評価の重みづけと「評定」への変換ルールです。例えば，社会科であれば，各観点に対応する重みづけはそれぞれ20％・25％・25％・30％（開発当時は4観点）といったように統一が図られました。

　その後，夏期研修会では，各教科で筆記テストを持ち寄って「思考力・判断力・表現力」を評価する問題を相互に検討する，パフォーマンス課題の実践例の発表が行われる，といったかたちで共同研究が進みました。さらに参考資料として，必須目標と成績づけの資料の対応例，どのような評価方法をどの内容に対応させてどのタイミングで用いるのかを示した年間指導計画，パフォーマンス課題と作品例を整理した資料集も作成されて，教師たちに提供されることとなりました。評価の枠組みが統一されたことで，学校を越えた共同研究も進めやすくなったといえるでしょう。

でも同じ基準での評価が受けられる，教員にとっては学校を異動しても評価方法で戸惑わなくて済む），②評価の妥当性・カリキュラム適合性が高まる（より効果的・効率的に評価ができ無駄な労力を省ける），③教育実践の指針となる（優れた実践の共有や実践改善のためのアイデアが出しやすくなる），④説明責任が果たしやすくなる，⑤進路先からの信頼が高まる（乙訓地域の取り組みを進路先にアピールできる）。

成果1──信頼性・妥当性の向上

　この地域一体での取り組みは，想定以上の成果がありました。授業の全体像・単元構想とゴール（総括的評価の視点）が明確になることで，授業構想が深まり，これまでの「学期末や学年末などの事後での評価に終始しがちだった実践」から抜け出すことができました。また，京都大学の教育方法学研究室の協力による各校の筆記テスト（「思考・判断・表現」の評価問題）の分析で，「知の深さ（学力の質）」

を視点とした「質のよい問題とは何か」の理解を深め，テスト問題の工夫改善も推進することができました。

成果2──教育実践の指針，観点別評価・評定の忙しさの改善

「評価の統一性」の推進は，教員の教育実践の指針となり，とりわけ，観点別評価・評定に不慣れな若手教員・講師が増えるなかで大きな意味がありました。また，より信頼性・妥当性の高い評価方法の開発は，評価に関する過剰な負担，見通しのない忙しさを軽減するという役割を発揮してくれました。

成果3──説明責任，進路資料としての客観性

この乙訓スタンダードのおかげで，成績に関する保護者からの問い合わせがあっても，丁寧な説明と併せて「地域共通の評価方法です」と伝えると，納得してもらえることが多くなりました。さらに，京都では2016年度から公立高校教育制度・入試制度が改定されましたが，進路指導資料としての客観性を高め，受験先の高校から「学校間格差があるなかでの観点別評価・評定だが，乙訓地域は評価のスタンダードがあり信頼できる」との声もあります。加えて，この取り組みの結果，学校全体での学力が向上し，乙訓地域の学校間格差の縮小につながった面が生まれています。

当初から継続的な取り組みを意識

なお，この取り組みは，スタート時点で「スタンダードを一度作成したら終わり」ではなく，継続して評価方法や指導方法の改善につなげるという方針を確認しています。具体的には「次年度の夏季休業中に，各学校の評価計画，年間指導計画，定期テスト問題等を共有する」「年度末までに，1年間の実践・研究を踏まえた検証・改善を行う」と方針に明記した通り，子どもたちの学びの実態を踏まえて継続的に見直し，形骸化を防ぐことを視野に入れていました。

実際，毎年夏に実施している中学校教育研究会で，教育方法学の

専門家による講演や教科からの実践報告，そして各教科部会での交流を深めました。また，校長会として，「スタンダードの検証のための追跡アンケート」も実施しました。その結果，さらに改善の必要はあるものの，以下のような肯定的な意見が多数を占めました。評価から評定への変換ルール共有のメリット，評価の質の向上，評価のつけやすさ，学校内の統一による共通理解の進展，地域内の学校間での統一による不公平感の解消，人事異動の際の安心感，交流の活性化，進路指導・入試での使いやすさ，生徒・保護者への説明のしやすさ……などです。なお，2021年度全面実施の学習指導要領の改訂時も，上述の基本原則は踏襲されて今日に至っています。

乙訓スタンダードに対する質問

　この取り組みに対して，「評価の統一性を教育委員会主導（トップダウン）ではなく現場主導（ボトムアップ）でなぜ実現できたのか」という質問がよくなされます。その回答は，①教育課程の編成権を有する各校の校長らが一致して取り組みをリードした，②多くの教職員が観点別評価・評定の困難性を感じていた，③全教員（講師を含む）からの意見の聴取とそのフィードバックを繰り返すことで当事者意識が高まった，④教育方法学・教育評価論の専門家がスタート時点から共同研究者として協力した，などが挙げられます。

　また，「地域のエリアが小さいからできたのか」とも問われます。たしかにコンパクトな地域の有利さはあるでしょう。ただし，乙訓地域の2市1町の人口は約15万人（中学校数は8校）です。総務省の市区町村の人口データを見ると，15万人以下の自治体は全国の約90％です。もし人口規模が関係するとしたら，全国の多くの地域・自治体で，こうした評価の統一性が実現可能となります。

学校"内"の学力格差を縮小する実践事例

2つ目に紹介するのは,「家庭の社会経済的背景」のなかで苦戦している子どもたちの学力を向上させたい,と考えて授業づくりに取り組んだ結果,学校"内"の学力格差を縮小させた取り組みです(盛永, 2017)。

実は「収入が多い家庭,教育支出が多い家庭ほど,子どもの成績がよくなる」「学習過程で生まれるように見える学力格差は,学習以前の家庭背景が影響しているのではないか」という問いは,中学校教員であった筆者自身の長年の問題意識でした。そうしたなかで,筆者は文部科学省国立教育政策研究所で勤務する機会を得て,全国学力・学習状況調査の上位校への「訪問調査」に関わりました。その調査では,上位校の共通の特徴として,「的確な現状分析(課題意識)と明確なビジョンの存在/よくわかる授業(授業の質の高さ)/教職員集団の同僚性・協働性の高さ/学校(教員)と児童生徒や保護者との間の強い信頼関係/計画的な掲示物など学習意欲を高める学習環境」などが析出されました。しかもその特徴は,学校間格差の背景にある経済格差(就学援助率の高さ,家庭の社会経済的背景)などを克服して高い成果をあげている学校でも同様でした。

こうした知見を参考にしながら,勤務校で,まずは経済格差の"代理指標"として「就学援助受給の有無」(当時の勤務校の生徒数は500名以上。就学援助率は10数パーセント台)と「学力」の関係を分析してみました。「学力」の指標として利用したのは,5教科の定期テスト,全国学力調査,自治体テストなどです。その結果,「就学援助を受けている家庭の生徒」とそれ以外(就学援助の非受給家庭の生徒)の2グループ間で大きな学力格差があり(テスト得点で前者が20数点低い),とりわけ数学・英語の学年進行にともなう格差拡大が判明したのです。当初,教職員からは「この問題は,行政,福祉

の問題で，学校現場ではどうしようもないのでは……」という声も大きかったのですが，可視化された想定以上の学力格差の実態（データ）を理解した教職員のなかから「何とかしたい，私たちに何ができるのか」といった議論が巻き起こり，取り組みがスタートしました。

　取り組み内容の説明の前に，成果を紹介すると，「就学援助受給の有無」による学力格差拡大傾向に歯止めをかけただけでなく，格差を大きく縮小させることができました。具体的には，①定期テスト得点の「格差」が縮小し，平均得点差が1年後に半減，2年後には一桁台に。②「就学援助受給の有無」に関係なく，学習で苦戦している生徒が減少し，成績の上位層が増加したのです（その結果，例えば全国学力調査「数学B」の標準化得点は101から106へと向上し，全国約1万校の真ん中あたりから上位5.3%以内にシフトしました）。

　それでは，どんな取り組みが「学校"内"の学力格差」の改善につながったのか。スタート時点で考えた学力改善の仮説は，①授業づくりの推進，②スケジュール手帳の利用，③外部リソースの活用という「3つの柱」です。

　具体策は多岐にわたりますが，「多忙な教員に負担をかけない」ことを前提として取り組みを始動させたので，最も重視したのは「50分の授業の質をいかに高め，わかる授業を推進するか」です。とくに「わかる」に着目したのは，生徒の声と先行研究を踏まえて，「わかる」という3文字が「生徒にとってのよい授業」の象徴的で端的な表現と考えたからです。また「わかる」の主語は生徒である以上，その検証には，教育の効果を高める生徒から教員へのフィードバック，つまり，「自分を見つめる鏡」としての生徒からの意見が必要だと考え，「生徒の授業アンケート」（全校生徒，全教科，学期ごと）を継続的に実施していきました。そのアンケート様式は，各

教科の「授業がわかるか」の4件法での回答や「授業のよかった点」「授業への要望」を自由記述で書いてもらうというきわめてシンプルなものですが，教員は，自由記述欄の「生徒からの励ましや授業改善への期待の声」を真摯に受けとめ，改善につなげました。その結果，「授業がわかる」の肯定的意見が取り組み当初の80％台から90％台に向上したのですが，その推移と並行して学力の向上，学力格差の縮小が進展しました。また，授業の質が高まると，生徒との信頼関係が深まり，そのことが，再び教員の意欲を高め指導力を向上させる，といった好循環にもつながったと考えています。

「スケジュール手帳」の利用では，生徒に時間を意識することによる生活習慣の改善と家庭での学習習慣の定着，家庭学習の量（時間増）と質（自学）の向上をねらいとして取り組みました。手帳利用の定着には，利用者の学力向上の事実を紹介するなどさまざまな工夫を必要としましたが，学習時間の増加や忘れ物の大幅減をもたらしました。そのことは，手帳会社の全国データ（10万人規模）との比較からも確認することができました。また，家庭学習に役立つ学習教材を開発（自学自習用の学習プリント等の作成）し，職員室前から自由に持ち帰れるように準備・工夫もしました。

「外部リソースの活用」では，研究アドバイザーを委嘱し（5名），校内研究会での教職員への講演や生徒・保護者への「勉強のやり方（効果的な勉強法）」の連続講演などを実施しました。また，学習支援ボランティア（20名以上の地域の方や学生・院生など）との協働による補充学習・3年生の放課後学習塾，さらに，退職教員による数学と英語の個別指導なども推進しました。

それ以外にも，学習意欲を高める学習環境の整備や進路・キャリア教育の充実による学習意欲の喚起，読書活動の推進など，前例踏襲と横並びを廃し，目的のためなら「やれることは何でもやってみ

よう」と取り組みました。

　この学力格差を縮小させる取り組みは，経済的に厳しい家庭の生徒の学力を高めただけでなく，授業の質が高まることで学力の上位層にも効果的でした。また，一つ一つの具体的な取り組み自体も大切にしましたが，むしろ「全教職員にデータが可視化され情報が共有化されているか」「取り組みの目的に意味を見いだし共感できるか」が重要であったと振り返っています。

ま と め

　本章では，最初に中学校間の学力格差の実態を確認し，その格差が生じる要因に「家庭の社会経済的背景」「地域格差」や「観点別評価・評定方法が各学校で異なる」ことを検討しました。次にその学校間格差の現状を踏まえた内申書の動向を，広島，東京，大阪を例にして考えてみました。最後に，この格差の現状を少しでも改善しようと取り組んだ，「評価の統一性」と「学校"内"学力格差の縮小」という2つの実践事例を紹介しました。実際，この実践は，格差是正や内申書の信頼性・妥当性向上への足がかりとなりました。さらに，「50分の授業」をいかによい授業にするかという原点に立ち返ると同時に，「授業が変われば生徒が変わる，そして学校が変わる」を確信する取り組みともなったのです。

引用・参考文献

赤林英夫・直井道生・敷島千鶴編（2016）『学力・心理・家庭環境の経済分析——全国小中学生の追跡調査から見えてきたもの』有斐閣

今橋盛勝・瀬戸則夫・鶴保英記ほか編（1990）『内申書を考える』日本評論社

上阪徹（2022）『子どもが面白がる学校を創る——平川理恵・広島県教育長の公立校改革』日経BP

大阪府教育委員会「大阪府公立高等学校入学者選抜における調査書評定の府内統一ルールのお知らせ」『高等学校入学者選抜における調査書の評定について』

京都府健康福祉部家庭支援課（2020）「第2次京都府子どもの貧困対策推進計画——すべての子どもが将来の夢を実現できる社会を目指す」

佐々木享（1984）『大学入試制度』大月書店

鈴木秀幸（2023）「評価基準は学校ごとに作成すべきか」『指導と評価』第819号，38-40.

全国進路指導研究会編（1976）『内申書』民衆社

田中耕治（2008）『教育評価』岩波書店

田中耕治（2013）『教育評価と教育実践の課題——「評価の時代」を拓く』三学出版

田中耕治（2019）「高大接続における入試のあり方」大学評価研究，第18号，19-24.

中央教育審議会（2010）「児童生徒の学習評価の在り方について（報告）」

東京都教育委員会（2023）「都内公立中学校第3学年及び義務教育学校第9学年（令和4年12月31日現在）の評定状況の調査結果について」

永尾俊彦（2022）『ルポ　大阪の教育改革とは何だったのか』岩波書店

中村高康（1999）「受験体制としての『内申書重視』——入学者選抜にみる教育システムの変容」古賀正義『〈子ども問題〉からみた学校世界——生徒・教師関係のいまを読み解く』教育出版

中村高康・松岡亮二編（2021）『現場で使える教育社会学——教職のための「教育格差」入門』ミネルヴァ書房

西岡加名恵（2016）『教科と総合学習のカリキュラム設計——パフォーマンス評価をどう活かすか』図書文化

濱元伸彦・原田琢也編（2018）『新自由主義的な教育改革と学校文化——大阪の改革に関する批判的教育研究』明石書店

広島県教育委員会（2023）「新しい広島県公立高等学校入学者選抜制度に係る成果と課題について」

毎日新聞社編（1981）『内申書・偏差値の秘密——教育を追う』毎日新聞社

松岡亮二（2019）『教育格差』筑摩書房

盛永俊弘（2017）『子どもたちを座標軸にした学校づくり』日本標準

盛永俊弘（2020）「地域で学習評価の改善に取り組む——地域スタンダードづくり」奥村好美・西岡加名恵編『「逆向き設計」実践ガイドブック——「理解をもたらすカリキュラム設計」を読む・活かす・共有する』日本標準

文部科学省（1993）「高等学校の入学者選抜について（通知）」

文部科学省（1997）「高等学校の入学者選抜の改善について（通知）」

文部科学省（2023）「学校基本調査」

文部科学省（2023）「全国学力・学習状況調査」

読売新聞（2022a）「［教育ルネサンス］〈1〉数値化の仕組みに『限界』」10月25日

読売新聞（2022b）「［教育ルネサンス］高校入試と内申書〈2〉『自己表現』導入　広島の改革」10月27日

第3部

世界のなかの
内申書問題

Chapter 8 イギリスの経験から
なぜ教師による評価は入試に用いられてきたのか

　日本の内申書をめぐる問題は多岐にわたりますが，その問題の根っこには，中学校での成績，つまり中学校での教師による評価（内申点）が妥当であるのか，信頼できるものなのかという疑問があります。

　本章で紹介するイギリスでは，日本の高校にあたるシックスフォームへの進学に，GCSE という中等教育修了一般資格試験（General Certificate of Secondary Education）が入試として利用されています。資格試験による中高の接続，ここにイギリスの大きな特徴があります。さらに GCSE では，長らくコースワークと呼ばれる評価がペーパーテストの試験とともに用いられてきました。コースワークは，中等学校の教師が日々の教育実践のなかで実施する評価活動です。その意味で，イギリスでも「内申点」が入試に用いられてきたわけです。

　本章では，GCSE という資格試験がどのように中高接続に利用されているのか，そして GCSE のなかでコースワークという評価がどのような位置づけで実施されてきたのかを紹介することで，日本での議論とは異なる視角で内申書問題を眺める視点を提供してみます。

1　イギリスの中高接続──16歳以降の進路

16歳から18歳への「離学年齢」の引き上げ

　イギリスでは，5歳から16歳の11年間が義務教育（compulsory education）の期間と定められています。義務教育を修了した若者は，**シックスフォームスクール**（Sixth Form School）や**シックスフォームカレッジ**（Sixth Form College）と呼ばれる学校に進学し，Aレベル試験と呼ばれる大学入試の準備をするか，職業資格取得のための**継続教育カレッジ**（Further Education College）に進学，あるいは就職していました。

　そうした若者の進路選択は，2013年以降，変わってきました。イギリスでは，2000年代に入った頃から「**離学年齢**」（何らかの教育あるいは訓練機関に通うことが義務とされなくなる年齢）の見直しが議論されるようになりました。その背景には，若者の無業者数を減らすために，10代後半の若者の**修学率**（教育・訓練機関にて学習すること）を増大させ，教育水準の向上と人材育成を図るという社会的課題がありました。国の調査によれば，2000年から2010年頃までの16歳から24歳の若者の無業者の割合は15％前後，16歳から24歳の若者の約半数が進学あるいは就労のための教育・訓練機関に在籍していない状況でした（植田，2016）。こうした若年無業者や教育・訓練を受けていない若者への対策として打ち出されたのが「離学年齢」の引き上げでした。

　議論の末，「2008年教育と技能法」（Education and Skills Act 2008）が制定され，2013年から段階的に「離学年齢」の引き上げが開始，2015年には18歳に引き上げられました。その結果，2024年現在，イギリスの若者は18歳まで進学あるいは就労のための教育・訓練

図 8-1　イギリスの学校系統図

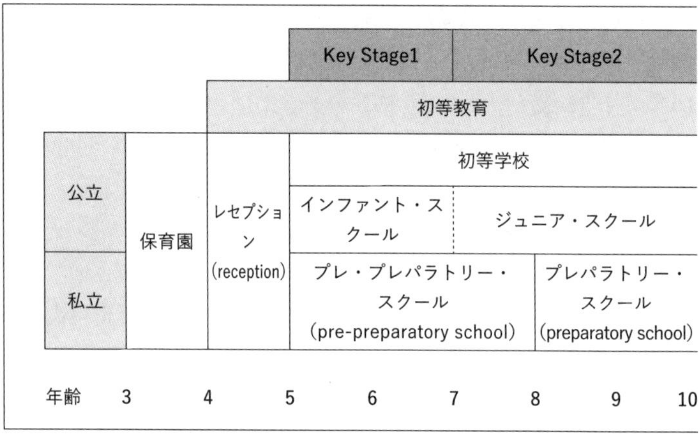

				Key Stage1		Key Stage2	
			初等教育				
				初等学校			
公立	保育園	レセプション (reception)	インファント・スクール		ジュニア・スクール		
私立			プレ・プレパラトリー・スクール (pre-preparatory school)			プレパラトリー・スクール (preparatory school)	
年齢　3	4	5	6	7	8	9	10

機関に通うことが義務となっています（図 8-1）。

16 歳以降の進路

「離学年齢」が引き上げられたイギリスでは，16 歳で義務教育を修了した後，次の 3 つの選択肢のなかから 1 つの進路を選ぶことになっています（DfE, 2018）。

① フルタイムの教育・訓練機関（シックスフォームスクールやシックスフォームカレッジ，継続教育カレッジ）に通う。

② パートタイム教育や訓練を受けながら，週 20 時間以上の就労やボランティア活動をする。

③ 見習い生（apprenticeship）や研修生（traineeship）になる[1]。

2022 年の国の調査によれば，2021 年の時点において義務教育を修了した若者の 89.3％がフルタイムあるいはパートタイムの教育・訓練機関に在籍しており，在籍していない若者の割合は 4.8％となっています（DfE, 2022）。現在，義務教育を修了したイギリス

	Key Stage3		Key Stage4			
	中等教育				中等教育（継続教育）	
	中等学校 （総合制中等学校，グラマースクールなど）				シックスフォーム スクール，シック スフォームカレッ ジ，継続教育カ レッジ	
	シニア・スクール （パブリック・スクール，プライベート・スクール）					
					GCSE	A レベル試験
11	12	13	14	15	16	17 18

の若者のほとんどは，何らかの進学あるいは就労のための教育・訓練機関に通っており，その多くは大学への進学希望者と考えられます。次節で紹介するシックスフォームは，大学への進学を希望する若者の大半が選択する進路先となっています。

2　シックスフォームへの進学

進学の道筋

大学への進学率が60％を超えたイギリスでは，現在，義務教育を終えた若者の多くがシックスフォーム（シックスフォームスクールやシックスフォームカレッジの総称）と呼ばれる2年間の大学進学のための教育機関に進学します。大学進学を希望せず，職業資格の取得をめざす若者は継続教育カレッジに進学します。ここではシックスフォームへの進学について紹介していきます。

シックスフォームへの進学には，中等学校（義務教育）の最終学

資料 8-1　シックスフォームへの進学のスケジュール

> 9 月から 12 月にかけて応募
> 12 月から 3 月にかけて面接（実施は学校による）
> 4 月頃までにオファー（合格と条件付き合格，不合格）
> 5 月から 6 月に GCSE 試験
> 8 月末に試験結果と入学手続き（2023 年は 8 月 24 日）

年のほぼ 1 年間が費やされます。資料 8-1 は，そのスケジュールを表したものです。9 月に新学年が始まるイギリスでは，中等学校の最終学年に進級してすぐに，シックスフォームの進学希望者は，冬までにどのシックスフォームに応募するかを決めます。年明けには，応募したシックスフォームが面接を課す場合には，面接に臨みます。そして，4 月頃には選考結果を受け取ることになります。

　日本の高校受験では，試験後に合格・不合格の通知を受け取りますが，イギリスでは試験の前に選考が行われます。ただし，その選考結果は，いわば個々の志願者に対する入学のための条件提示といえるものです。選考結果には「無条件合格」(unconditional offer)，「条件付き合格」(conditional offer)，「不合格」(unsuccessful あるいは withdrawn) があります。「条件付き合格」とは，試験の結果が応募したシックスフォームの提示した条件を満たしていれば，入学を認めるものです。この選考結果を受け取ったうえで，5 月から 6 月に GCSE と呼ばれる試験を受け，8 月末に試験結果を受け取ります。

　試験の結果が応募したシックスフォームの提示した条件を満たし，合格できればよいのですが，試験結果が条件を満たさないことも，当然あります。その場合にも，イギリスではセカンド・チャンスが用意されています。例えば，応募したシックスフォームに相談すると，GCSE を再受験することを条件に仮入学できる場合があります。英語や数学といった一部の GCSE 科目では 11 月や 3 月頃にも再試験が実施されるため，在学中に，そうした再試験に挑戦することを

条件に仮入学が認められることがあるのです。またシックスフォームのなかには1年間のGCSE取得コースを併設している学校もあり，その履修を条件に入学が認められることもあります。あるいは，定員が埋まっていない他のシックスフォームを探し，再応募することも可能です。GCSE試験に失敗したとしても，保護者や学校の先生，あるいは進路指導のアドバイザーに相談することで，セカンド・チャンスの道が拓かれるようになっているのです。

GCSE試験

　イギリスでは，義務教育の修了時にGCSEという試験を受けます。このGCSE試験は中等教育修了一般資格試験であり[2]，イギリスの国家資格試験です。イギリスの子どもたちは，義務教育の最後の2年間（Key Stage 4と呼ばれる2年間）を，GCSEのための勉強に費やし，最終学年のYear 11の終わりに試験を受けます。イギリスではGCSEに合格することで，義務教育を修了したことになるのです。この点は，小学校と中学校の合計9年間を学校に通えば，義務教育を修了したことになる日本とは大きく異なります。

　Key Stage 4に進級したイギリスの子どもたちは，必修3科目の英語（ドラマを含む）と数学，科学（物理学，化学，生物学）に加え，選択科目である歴史や地理，外国語などの教科を選び，合計9〜11科目の教科を2年間で履修します。この2年間の学習の最後に，それらの科目のGCSE試験を受験するのです。試験の結果は，以前まではA+からGの8段階でしたが，2020年以降はグレード1から9で示されるようになっており，現在は4以上（以前はC以上）が合格となっています（表8-1）。

　GCSEの試験は，約1カ月の長期間にわたって実施されます。そして，それぞれの科目の試験時間も，その多くが，日本の試験に比

表 8-1　GCSE のグレード

新しい成績表記	従来の成績表記
9	A$^+$
8	
7	A
6	B
5	
4	C
3	D
2	E
	F
1	G
U	U

（合格の成績 → 4, 5, 6）

べると長時間です。例えば，表 8-2 は 2023 年度のある中等学校の GCSE 試験のスケジュールです。5 月 15 日から始まり，最後のポルトガル語の試験が終わるのは 6 月 21 日と，1 カ月以上にわたって試験が実施されています。また英語や数学，科学などの試験は複数回に分けられ，例えば 5 月 19 日に数学 1，6 月 7 日に数学 2，6 月 14 日に数学 3 が実施されていることが見てとれます。1 日あるいは 2 日ですべての入学試験を終える日本とは，この点においても違いがあることがわかります。

　GCSE 試験は中等学校やシックスフォームが実施するのではなく，外部試験機関が行います。イギリスには，AQA（Assessment and Qualifications Alliance）や OCR（Oxford, Cambridge and RSA）など複数の外部試験機関が存在しており，試験内容も試験実施日も，外部試験機関により異なります。各中等学校は教科ごとにどの外部試験機関の GCSE 科目コースを生徒に学習させるかを決めており，それに応じて試験のスケジュールが組まれるのです。

シックスフォームの選択

　シックスフォームをどのように選ぶのかは，生徒によって異なりますが，多くの生徒は通っていた中等学校に併設されているシックスフォームか，通学しやすいシックスフォームを選ぶことが多いようです。ただし，選んだシックスフォームに必ず入学できるわけではありません。それぞれのシックスフォームは入学要件を公表して

表 8-2 GCSE の時間割例

日付	時刻	科目名	時間
5/15	午前 9 時	宗教学 1	1 時間 45 分
5/15	午後 2 時	イタリア語リスニング・リーディング	1 時間 45 分
5/16	午前 9 時	生物 1	1 時間 45 分
5/16	午前 9 時	総合科学――生物 1	1 時間 15 分
5/16	午後 2 時	メディア学 1	1 時間 30 分
5/16	午後 2 時	ウルドゥー語リスニング・リーディング	1 時間 45 分
5/17	午前 9 時	英文学 1	1 時間 45 分
5/17	午後 2 時	スポーツ学	1 時間
5/18	午前 9 時	歴史 1	1 時間 15 分
5/18	午後 2 時	ビジネス 1	1 時間 45 分
5/19	午前 9 時	数学 1（計算機の使用無し）	1 時間 30 分
5/19	午後 2 時	コンピューター・サイエンス 1	1 時間 30 分
5/19	午後 2 時	健康と福祉	2 時間
5/22	午前 9 時	化学 1	1 時間 45 分
5/22	午前 9 時	総合科学――化学 1	1 時間 15 分
5/22	午後 2 時	地理 1	1 時間 30 分
5/23	午前 9 時	フランス語リスニング・リーディング	1 時間 20 分／1 時間 45 分
5/23	午後 2 時	宗教学 2	1 時間 45 分
5/23	午後 2 時	効果的なデジタル・ワーク実践	1 時間 30 分
5/24	午前 9 時	英文学 2	2 時間 15 分
5/24	午後 1 時	メディア学 2	1 時間 30 分
5/24	午後 1 時	イタリア語ライティング	1 時間 20 分
5/25	午前 9 時	物理 1	1 時間 45 分
5/25	午前 9 時	総合科学――物理 1	1 時間 15 分
5/25	午後 2 時	コンピューター・サイエンス 2	1 時間 30 分
5/25	午後 2 時	ウルドゥー語ライティング	1 時間 20 分
5/26	午前 9 時	企業とマーケティング	1 時間 30 分
6/5	午前 9 時	英語 1	1 時間 45 分
6/5	午後 2 時	フランス語ライティング	1 時間 10 分／1 時間 20 分
6/6	午前 9 時	スペイン語リスニング・リーディング	1 時間 10 分／1 時間 20 分
6/7	午前 9 時	数学 2（計算機の使用あり）	1 時間 30 分
6/14	午前 9 時	数学 3（計算機の使用あり）	1 時間 30 分
6/14	午後 1 時	音楽	1 時間 15 分
6/14	午後 1 時	ポルトガル語リスニング・リーディング	1 時間 45 分
6/15	午前 9 時	歴史 3	1 時間 20 分
6/16	午前 9 時	物理 2	1 時間 45 分
6/16	午前 9 時	総合科学――物理 2	1 時間 15 分
6/16	午後 2 時	地理 3	1 時間 15 分
6/19	午前 9 時	テクノロジー――木材と繊維	1 時間 45 分
6/20	午前 9 時	食品調理と栄養	1 時間 45 分
6/21	午前 9 時	ポルトガル語ライティング	1 時間 20 分

（出所）https://theradclyffeschool.co.uk/gcse-exam-timetable-summer-2023/ を参照して作成。

8 章

おり，入学するにはその条件を満たすことが求められます。すでに紹介した「条件付き合格」という選考結果は，それぞれのシックスフォームが公表している入学要件を満たさなければならないことを意味します。生徒たちは，公表されている入学要件を検討し，どの学校に応募するかを決定するわけです。

　では，各シックスフォームは，どのような入学要件を提示しているのでしょうか。例えば，次のように公表されています (資料8-2)。

　これら2つのシックスフォームの入学要件が示すように，入学要件には大きく2つの条件が含まれています。1つ目は，そのシックスフォームに進学するために必要な共通の条件です。共通の条件として多くの学校が提示するのは，必修科目である英語と数学での4以上のグレードと選択科目において一定の成績を収めていることです。2つ目は，進学を希望するシックスフォームのコースに対応したGCSEの成績です。例えば，化学科のコースをシックスフォームで希望するのであれば，GCSEの化学でグレード6あるいは総合科学の科目でグレード7以上，そして数学でグレード6以上が必要となります。経済科のコースを希望するのであれば，数学と英語でグレード6以上を獲得しておかなければなりません。

　シックスフォームでの学習は，大学進学のための学習，具体的にはAレベルと呼ばれる大学入学資格試験に向けての準備です。通常，イギリスの大学に進学するためにはAレベルの3科目の受験が必要であり，医学部などへの進学を希望する場合には4科目の受験が必要となります。進学を希望する大学と学部に進むためには，どのAレベルの科目を受験する必要があるのか，それが進学先のシックスフォームを選ぶ基準ともなっているのです。

資料 8-2　シックスフォームの入学要件例

The Sixth Form Bolton
・A レベル 3 科目を履修する学生が，GCSE において少なくとも 2 科目でグレード 6，数学でグレード 4 以上，そして英語を含む 3 科目でグレード 4 あるいは 5 の成績を取得していること。または GCSE のグレード 5 以上を 8 科目取得していること。 ・A レベル 4 科目を履修する学生が，GCSE において少なくとも英語を含む 6 科目でグレード 7 以上，かつ数学でグレード 6 以上の成績を取得していること。

Bournemouth School
・英語と数学の両方でグレード 5 以上を取得していることに加え，進学を希望するコースの科目または関連する科目でグレード 6 以上を取得し，GCSE の成績上位 8 科目のグレードの合計が 48 以上であること。

コース	入学要件
アート・クラフト・デザイン科	アート・デザインでグレード 6 以上
生物科	生物でグレード 6，もしくは総合科学の科目でグレード 7 以上，かつ数学でグレード 6 以上
英文学科	英語でグレード 6 以上
化学科	化学でグレード 6，もしくは総合科学の科目でグレード 7 以上，かつ数学でグレード 6 以上
経済科	数学と英語でグレード 6 以上

（出所）　上は https://www.bolton-sfc.ac.uk/apply/entry-requirements/，下は https://www.bournemouth-school.org/299/joining-our-sixth-form を参照して作成。

シックスフォームでの選考

　イギリスでは，入学要件を満たすことで希望するシックスフォームへの入学が基本的には認められますが，入学希望者数が定員を超過している場合は，GCSE の入学要件とは別の基準によって選考が行われます。その**選考基準**は学校ごとに違っていますが，課外活動やボランティアなどが選考において考慮されることは稀で，多くの

資料 8-3　シックスフォームの選考基準例

Bishop's Stortford High School Sixth Form
・入学要件：GCSE の成績上位 8 科目のグレードの合計が 44 以上であり，英語と数学の両方でグレード 5 以上を取得していること。
・定員：2024 年度のシックスフォーム入学予定者数は 200 名。内部進学以外の外部入学者用の定員は，入学要件を満たした 32 名。入学定員を超えた場合，外部入学希望者には，以下の順番で入学定員超過基準を適用し，入学枠を割り当てる。 ①イギリス国内外において社会的養護の対象となっている生徒や対象となっていた生徒（養子縁組や特別後見命令によって国の社会的養護の対象から外れた生徒）が優先される。 ②ハートフォードシャー州自治体の地図システムを使って測定した結果，学校から最も近い場所に住んでいる生徒が優先される。自宅から学校までの距離が同じ志願者が 2 名いた場合，無作為の抽選によって決定される。
Sixth Form College Colchester
・入学要件：GCSE の成績上位 8 科目のグレードの合計が 44 以上であり，英語と数学の両方でグレード 5 以上を取得していること。
・入学定員枠よりも志望者が多い場合には，「連携校」に在籍していた生徒，あるいは優先入学地域に在住している生徒を優先する。

（出所）上は https://tbshs.org/information-for-sixth-form-entry-september-2024/，下は https://tbshs.org/wp-content/uploads/2023/11/TBSHS-6th-FORM-2024-final-small-file.pdf，及び http://www.colchsfc.ac.uk/_site/data/files/documents/F0B43DBD3A658E7BE050B1A420726CF0.pdf を参照して作成。

シックスフォームは受験者の通学区や社会経済的背景を選考基準として選考を進めます。資料 8-3 は，そのような選考基準の例です。

　一般的に入学試験の性質は，試験の成績順位によって合否が決まる選抜試験と到達基準を超えれば入学資格が付与される資格試験に分類されます。日本の高校入学試験は合格・不合格を決めるために順位づけを行う**選抜機能**を担っているのに対して，イギリスの GCSE はシックスフォームと志願者双方が進学に必要な学力を明示，あるいは証明する**資格機能**を担っているといえます（佐藤，2017）。

　さらに注目すべきは，GCSE が中等教育修了一般資格である点で

す。イギリスのシックスフォームへの進学が GCSE に基づいて判断されるということは，接続の観点からすると，下級学校である中等学校での**学習の到達度**に基づいて接続が行われていることを表します。つまり，GCSE は志願者を選抜するために利用されているのではなく，シックスフォームに進学し，学習できるために必要な学力が身についているかを確認するための証拠として利用されているのです。通学区や社会経済的背景が選考基準となり得る理由も，GCSE の成績は「資格」を確認するために用いられ，選抜のために使われるわけではないからです。中等教育の修了資格である GCSE を利用した中高の接続，ここに日本とは異なるイギリスの特質を見てとることができます。

3 GCSE から姿を消すコースワーク

コースワークの見直し，そして廃止へ

　1988 年に導入された GCSE では，当初から多くの科目で伝統的なペーパーテストが実施されると同時に，**コースワーク**と呼ばれる日々の学習成果を下級学校である中等学校の教師が評価する方法も利用されてきました。地理におけるフィールドワーク，音楽における演奏や作曲，美術作品の制作，英語でのスピーキングや発表，科学における実験などがコースワーク評価の対象でした。コースワークは，実技や発表，さまざまな知識・技能を実際に使用する力など，ペーパーテストでは評価し難い力を評価する方法として用いられてきたのです。

　なぜペーパーテストに加え，GCSE ではコースワーク評価が導入されたのでしょうか。GCSE の導入に関する諮問を受けていた中等教育試験評議会（Secondary Examinations Council）は，その導入目

表8-3　GCSE におけるコースワークの比率と評価内容・方法

教科	比率	中等学校の教師が行う評価内容・方法
数学	20%	データ処理課題や数学の活用・応用を含む2つの課題が実施。コースワークの一部は教室で教師の監督のもとで実施され，受験者が口頭で応答することも含め，評価活動が実施される。
英語	40%	個人による発表，グループでの議論，ドラマの3つの活動からなるスピーキングとリスニングの評価。さらにシェイクスピア，散文研究，メディア，オリジナル・ライティング活動に基づくリーディングとライティングへの応答。スピーキングとリスニングの評価は，教師が教室で行う。
科学	20%	科学的探究に基づく調査・実験スキルの評価。観察，測定，データ収集などを含む教師が設定したさまざまな活動を通して，4つのスキル分野における受験者の能力を評価する。
地理	25%	実地でのデータ収集を含むフィールドワークに基づく 2500 語のレポート作成のコースワーク。教師は調査テーマについてアドバイスを行うことができる。

（出所）QCA, 2005: 7 を参照して作成。

的を次のように述べています。「生徒の学習成果を幅広く証明することで評価の妥当性を高めるとともに，批判的思考や自律的な学習などのスキルを評価することによって生徒の学習を深めていくことを目的としていた」と（SEC, 1985）。そして「測定可能なものを重要視するのではなく，重要なものを測定可能にする」(SEC, 1985: 2) ことが GCSE の評価方針であると提起していました。

　この目的と方針に表されているように，コースワークは学校教育で育成する重要な学力であるけれどもペーパーテストでは評価し難い実技や表現力，問題解決能力などを評価する方法として導入されたのです。2005 年時点でのおもな教科のコースワークの比率と，評価内容・方法は表 8-3 のようになっていました（QCA, 2005）。これらのコースワークは，中等学校の授業のなかで実施されたり，

授業時間外に家庭などで行われていました。そして，ほとんどの場合，中等学校の教師によって評価されました。そのため，学校内の教師間で評価を検討することや外部機関が各中等学校の評価結果を確認することで信頼性を保とうとしてきました。

　コースワークは GCSE だけでなく，大学入学資格試験である A レベル試験にも利用され，イギリスの入試制度の特徴の 1 つでした。しかしながら，イギリスではコースワークの見直しの議論が，2000 年代初頭から急速に進められてきました。まず 2000 年代の初頭に労働党政権下で行われたのは，コースワークを「**コントロールされた評価**」(controlled assessment) へと方向づけることでした。その契機となったのは，コースワークにおける不正問題の発覚でした。

　GCSE の改革案を検討した QCA の調査によると，GCSE や A レベルなどで実施されている各教科のコースワークの作品やレポート例を提供するウェブサイトが少なからず存在しており，またコースワークの課題と解答例がインターネット上で入手可能であることが明らかにされたのです。そして，生徒へのインタビュー調査では，多くの受験生がコースワークの手助けを提供するウェブサイトの存在を知っており，なかにはコースワークの解答例をダウンロードしようとしたことを認める受験生もいました。さらに報告書によれば，多くの保護者が，コースワークの援助にルールがあることを知らず，ルールから逸脱した援助をしており，20 人に 1 人の保護者が実際に GCSE のレポートの下書きをしていることも明らかとなりました (QCA, 2005)。

　インターネットの普及による不正の広がりや保護者の援助の問題が調査によって明らかにされるなかで，2000 年代初頭にコースワークの改革が実施されていったのです。自宅など学校外で作成されたレポートなども評価の対象となっていたコースワークは，不正

8章

防止のために「コントロールされた評価」，具体的には学校内で教師の監督のもとで教師が決めた課題に取り組むコースワークへと軌道修正されることになりました。

　2010年に保守党が政権に就くと，コースワークへの不信感はさらに高まり，ついにはほとんどの科目において廃止されることになります。コースワークが「コントロールされた評価」へと修正されるなかで，イギリスの試験制度を統括していたOfqual（Office of Qualifications and Examinations Regulation）は，ペーパーテストへの回帰を否定していましたが，当時の教育担当国務長官であるマイケル・ゴーヴは，GCSEの成績はペーパーテストによる評価が望ましいという姿勢を貫き，コースワークの廃止へとGCSEの改革方針を転換していきました。

　コースワークの廃止を後押ししたのは，評価の信頼性への懐疑，すなわち中等学校内で実施されている教師による評価への疑いでした。例えば，GCSEが導入された当初は，AからCの成績を獲得していた生徒は全体の45％程度でしたが，2010年には全体の約70％がAからCの成績を獲得するようになりました。こうした成績のインフレが，中等学校の教師によって評価されるコースワークによって生み出されていると考えられたのです（Torrance, 2018）。

　2015年には，GCSEの数学と英語ではペーパーテスト以外の評価は成績に含められなくなりました。英語ではスピーキングやリスニングの能力の育成がカリキュラムには含まれており，その評価は中等学校の教師が担うのですが，GCSEの成績判定には利用されなくなりました。2015年を境に，同様のことが他の教科でも進められ，2023年時点では地理のフィールドワークや科学の実験など，従来コースワークによって評価されていた学習活動もGCSEの成績判定には利用されなくなっています。つまり，多くのGCSE科

目でコースワークという評価は姿を消すことになったのです。

コースワークが実施されていた頃と同様に，今でも多くの教科で実技や表現力，問題解決能力，批判的思考力などが育成され，学校では評価の対象となっています。しかし，GCSE ではそれらはペーパーテストで評価できる限りにおいて評価の対象となっているのです。GCSE が導入された当初の「測定可能なものを重要視するのではなく，重要なものを測定可能にする」という方針は，「測定可能なもののみを測定する」へと変更されてしまったわけです。

教師による評価の可能性と課題

1988 年の導入以来，GCSE の成績にコースワークを用いることの是非については，常に議論がありました。そのなかでは，教師の採点への懐疑や教師の負担，カンニングの可能性，各外部機関が実施する試験の難易度の違い，公平性と信憑性（インターネットを利用した不正や保護者からの過剰な援助）の問題など，さまざまな懸念が提起されてきました（Crisp, 2008）。これらの問題は大別するとコースワークの信頼性への懐疑と妥当性を問う議論とに分けられます。以下では，この 2 点に焦点を合わせ，イギリスの GCSE のコースワークをめぐって，どのような議論が交わされてきたのかを紹介します。

教師による評価の信頼性を確保する取り組み

1 つ目の信頼性への懐疑は，コースワーク導入当初から常に存在しました。小論文のようなレポートや口頭発表，調査技能，芸術作品の制作，科学の実験などを評価対象とするコースワークでの評価は，すでに述べたように中等学校の教師によって行われます。それゆえに，教師の主観が評価に紛れ込んでしまうのではないか，甘く成績をつける教師もいれば，厳しく成績をつける教師もいるのでは

ないか，といった疑問が根強く存在していました。

　この懐疑に対して GCSE のコースワーク評価では，導入当初から教師による評価の信頼性を確保するための取り組みが長年，蓄積されてきました。その取り組みは，大きく3点に分けられます。1点目は，評価の手続きや**評価基準**の明確化です。GCSE では，「実施要綱」（specifications）のなかで評価の手続きや評価基準が細かに決められています。とくに評価基準に関しては，**ルーブリック**のような詳細な評価基準が明示されるだけでなく，評価基準と対応した解答例が示されており，それが評価を行う教師の手助けとなっています。そもそも教師による評価に差異が生まれる大きな理由は，個々の教師のもつ評価基準が異なるからです。GCSE では評価手続きと評価基準を明確にすることで，教師の評価の信頼性を確保しようとしてきたのです。

　しかしながら，実際には評価の手続きや評価基準を明示するだけでは教師による評価の信頼性を確保することは困難です。なぜなら評価基準の理解が教師によって異なる可能性があるためです。GCSE では，この問題に対応するために「**スタンダード化**」（standardization）と「**モデレーション**」（moderation）のしくみが整えられてきました（AQA Non-exam assessment administration, 2019）。これらが教師の信頼性を確保するための取り組みの2点目と3点目になります。

　2点目のスタンダード化とは，学校内で教師同士が評価基準を共有するための取り組みを意味します。例えば，学校内で同じ教科のコースワークを評価するすべての教師が，解答のサンプルを採点し，互いの採点基準を確認し合います。そのうえで，採点結果の違い等について議論する場をもつとともに，外部試験機関から提供される過去の作品やサンプル作品を利用しながら，評価基準を共有するた

めの準備活動を行っていくのです。コースワークの評価では，採点の差異の許容範囲は6%以内と定められているため，それを目標に評価基準の共有が行われます。また学校内には，統括役の教師がおり，コースワークの評価について教師の相談にのったり，各教師の評価を確認し，教師間での評価基準のすり合わせなどを行う役割を果たします。

　3点目のモデレーションとは，各学校のコースワーク評価を外部試験機関が点検し，調整するしくみを指します。通常，教師たちによって成績づけされたコースワークは，受験生の作品とともに採点結果や採点理由を添えて，外部試験機関に送付されます。それらは，試験機関に雇われているモデレーターと呼ばれる評価専門家によって確認されます。モデレーターは，送られた作品と採点結果，採点理由を確認し，他の学校の評価結果と比較しながら，各学校の評価を点検します。そして，その結果を各学校に知らせます。評価結果に問題がないと判断された場合には，教師たちの採点結果が成績となりますが，もし問題がある，例えば採点結果に一貫性がない，あるいは正確でないと判断された場合には，採点のやり直しなどが命じられることになります。これがモデレーションのしくみです。

　こうした採点の信頼性の保証と向上のための取り組みに加え，採点基準や解答例，試験結果の**公表**にも，イギリスでは力が注がれており，日本に比べると，評価手続きや評価方法の透明性が図られているといえます。

問われる評価の妥当性

　2つ目の妥当性を問う議論は，すでに紹介した2000年代初頭のコースワークの見直しの際に大きく取り上げられたものでした。インターネットの普及による不正の広がりや保護者・教師の過剰な援助の問題などが取り上げられるなかで，コースワークによって本当

に生徒の学力が評価できているのかが疑問視され，結果，多くの
コースワークが廃止に追い込まれました。

　しかしながら，コースワークの廃止については，現在でも，多く
の反対の声がイギリスには存在します。そうした声を支えているの
は，GCSE にコースワークが導入された際に提起された方針，すな
わち「測定可能なものを重要視するのではなく，重要なものを測定
可能にする」に込められていた評価の妥当性を確保するという見地
です。例えば，科学系の科目におけるコースワークの廃止に対して，
数学や理科のカリキュラム開発の支援を行ってきたギャツビー財団
とウェルカム・トラストは「実験は科学の本質であり，実験なしに
科学を学ぶことは，本を読まずに文学を学ぶようなものである。
GCSE や A レベル試験の科学系科目の資格は，生徒が実践的な科
学スキルを身につけたという証拠なしに授与されるべきではない」
と反対の声明を出しました。同様の声は，英語科目における口頭発
表や口頭試問，地理科目におけるフィールドワーク等のコースワー
クの廃止に対しても寄せられ，主要な学術支援団体から廃止反対の
声が発せられました[3]。

　こうしたコースワークの廃止に反対する声に込められていたのは，
各教科において育むことが期待されている学力のなかにはペーパー
テストによる評価には馴染まないものがあるという意見でした。ま
た近年，学校教育改革において育成が期待される「新しい能力」，
例えば OECD のキー・コンピテンシーなどを評価するためには
ペーパーテスト以外の評価方法にも注目していく必要がある，とい
う主張も展開されています。

　そうした論者の 1 人である教育評価研究者のトーランス
(Torrance, 2018) は，OECD のキー・コンピテンシーや ATC21s
(Assessment and Teaching of 21st Century Skills) の 21 世紀型スキル

に代表されるように，学校教育では調査，データ分析，レポート作成，チームワークなどの知識やスキルの育成をめざす新しいカリキュラムの開発が期待されており，それに対応する評価方法の開発が課題となっていると指摘します。そして，レズニックらの言葉，「評価したものは得られるが，評価しなかったものは得られない。あなたが教えたいことに向けて評価を構築すべきである」を引用し，次のように主張しています。

　新しいカリキュラムの目標は，妥当性と信頼性のある評価を行うために，新しい評価方法を要求している。コースワーク，フィールドワーク，口頭試問などは，討論や問題解決力に対する自信といった学習成果を含め，ペーパーテストによって評価できる学習成果とは異なる成果を捉えることができる。さらに形成的評価や学習指導方法の変化，すなわち学生がレポートを下書きし，それに対するフィードバックを受け，最終提出のために再下書きするような学習が広がっていくならば，最良のコースワークの完成に向けて，生徒が時間をかけて教科の知識と理解を深めていく非常にすばらしい学習環境を生み出せる可能性がある。

コースワークに投げかけられたさまざまな不正に対する疑惑は，コースワークという評価方法の妥当性を保持するために対処していかなければならない問題でした。しかし，それは評価方法の改善によって応える問題であり，これまでコースワークによって評価してきたさまざまな学力を評価しないという方針を支持する根拠とはなり得ないものでした。むしろ現代社会で求められているのは，トーランスが主張するように，ペーパーテストでは評価することが困難な学力をどのように評価するのかという課題に向き合い，妥当性と信頼性を確保できる評価の在り方を考えることです。GCSE の各教科で試みられ，蓄積されてきたコースワークという評価方法は，こ

の課題に応える具体的な方法を提起するものであり，それらを発展させていくことは評価の新しい可能性を切り拓くことになると考えられます。

イギリスの GCSE のコースワークをめぐる議論のなかで示されたことは，評価手続きや評価基準を明確化し，「スタンダード化」「モデレーション」のしくみを通じて教師による評価の信頼性を向上させることができる可能性でした。そして，評価の妥当性の議論から示されたのは「測定可能なものを重要視するのではなく，重要なものを測定可能にする」という方針のもと，生徒に「教えたいこと」「身につけさせたいこと」に対応した新たな評価方法を探り，創りあげていくことの大切さでした。トーランスが指摘したように，この考えに基づくならば，評価は選抜の道具ではなく，生徒の学習を深めるための教育の有用なツールになり得ます。

内申書に関わる日本の議論でも，教師による日々の学習状況の評価を入試に使用することへの懐疑が投げかけられています。コースワークをめぐる議論と取り組みは，教師の評価能力を向上させることで信頼性を一定程度確保できること，そしてペーパーテストでの評価には馴染まない学習成果を評価するためには新しい評価方法の模索が必要であり，その具体的な方法としてコースワークのような評価方法があることを提起していると捉えることができます。さらに，そうしたコースワークのような評価は，それが日々の学習プロセスのなかで行われるがゆえに，評価の選抜機能のみならず，生徒の学習を深めるための教育的な機能を果たせる可能性をもちえます。以上の3つの点は，日本の内申書が果たす役割をあらためて見つめ直す視角にもなり得ると考えます。

注

1 見習い生：見習い制度は，仕事での実践的な訓練と勉強を組み合わせたものです。例えば，賃金と休日手当を得る社員となる，経験豊富なスタッフとともに働く，仕事に特化したスキルを身につけるために働く，などが条件となります。見習い期間は，レベルに応じて1～5年の間で定められます。研修生：就労に向けた職業体験付きコースを指します。期間は6週間から1年までです。

2 GCSEは，義務教育が修了する中等学校の最終学年に実施されます。シックスフォームを含めた継続教育も中等教育と一般的に見なされていますが，GCSEは中等教育修了一般資格と冠されています。

3 イギリス科学教育協会の会長は「Ofqualと大臣は，AレベルやGCSEの主要な成績から，評価された実習の成績を切り離そうとしており，非常に危険な試みである」と述べています。

引用・参考文献

植田みどり（2016）「イギリスにおける『離学年齢』引上げに関する政策の特徴」『国立教育政策研究所紀要』第145集.

佐藤博志（2017）「大学入試制度改革の課題と展望――諸外国及び国際バカロレアとの比較を通して」『日本教育経営学会紀要』第59巻，46-55.

AQA Non-exam assessment administration, 2019 (https://www.aqa.org.uk/exams-administration/coursework-controlled-assessment-nea).

Crisp, V. (2008) A review of literature regarding the validity of coursework and the rationale for its inclusion in the GCSE,*Research Matters*, Cambridge Assessment.

DfE (2018) Raising Participation Age policy and Local Authorities duties on Tracking young people.

DfE (2022) Key stage 4 destination measures (https://explore-education-statistics.service.gov.uk/find-statistics/key-stage-4-destination-measures).

QCA (2005) A review of GCE and GCSE coursework arrangements, London: Qualifications and Curriculum Authority.

SEC (1985) *Working paper 2: coursework assessment in GCSE*, London: Secondary Examinations Council.

Torrance, H. (2018) The return to final paper examining in English national curriculum assessment and school examinations: Issues of validity, accountability and politics, *British Journal of Educational Studies*, No. 66(1), 3-27.

8章

Chapter 9　フランスの経験から

入試で内申書は
どう使われているのか

はじめに

　日本の入試では内申点がよく使われます。入試に内申点を使うことはそもそも適切なのでしょうか。

　フランスには高校受験はなく，どの高校に進学するかは居住地からの近さや学業成績などに基づいて，ウェブシステムで決まります（京免，2023）。日本に比べると中高を分ける発想が弱いため，中高の接続はあまり議論されてきませんでした。そこで本章では，フランスの高大接続改革の経験から，日本の入試における内申書の位置づけへの示唆を探ります。

　フランスの高大接続は長らく，バカロレア試験という大学入学資格試験に合格するかどうかという試験一発勝負でした。しかし近年，高校の内申点の比重が大きい，新しいしくみができました。この改革をめぐってなされてきた議論を見てみましょう。

1　内申点の導入の背景

第1の問題——大学での大量の留年・中退

　フランスでは表9-1のように，6歳で入学する5年間の小学校，

表 9-1　フランスの学校階梯図

年齢	教育段階	学校段階
18 歳以上	高等教育	大学・技術短期大学部・上級技手養成課程・グランドゼコール準備級など
15 ～ 17 歳	中等教育	高校（リセ）普通科・技術科・職業科
11 ～ 14 歳		中学校（コレージュ）
6 ～ 10 歳	初等教育	小学校
3（2）～ 5 歳		幼稚園

(出所) 細尾, 2021。

4 年間の中学校の後，3 年間の高校は 3 つの科に分かれます。普通科は普通教育中心で，職業科は職業教育中心で，技術科はその中間的性格です。高校 2 年生と 3 年生の主に学年末には，**バカロレア試験**という**大学入学資格試験**が 3 つの科それぞれに課されます。この全国一斉試験が創設された 1808 年以来，バカロレア試験に合格した者は，普通科，技術科，職業科のいずれを修了した者であっても，全員どの大学にも入学できることが原則とされてきました。フランスは，資格の種類（普通科修了の生徒が取る普通バカロレアか，職業科修了の生徒が取る職業バカロレアかなど）と水準（バカロレアか学士号かなど）で職業が分かれる資格社会であるため，どの大学で取得した資格（学位）も価値は同じであり，**大学間格差**はないという建前があるからです（なお，この章で扱うバカロレア試験はフランスの国家試験であり，第 10 章で述べられる国際バカロレアとは違います）[1]。

　バカロレア取得者はどの大学にも**全入**というしくみには，3 つの問題がありました。1 つ目の問題は，大学入学後に留年・中退といった学業失敗が多いことです。1960 年代以降は中等教育が大衆化し，大学進学希望者が増え続け，バカロレア取得者全員を希望通りに入学させられなくなりました。大学には人があふれ，教育の質

を保てなくなりました。そこで 1986 年に，バカロレア試験合格者に対して各大学が選抜する法案が出されましたが，抗議活動が激しくて死者も出たため，それ以降，「**選抜**」はタブーとなりました。共和国の理念である「平等」の観点から，バカロレア試験合格者には全員，高等教育を受ける権利があるという考えが根強いのです。

そのため，あくまでも入学志願者を選抜するのではなく振り分けるために，手続きをウェブ上で一括して処理するしくみとして 2009 年に導入されたのが，**バカロレア取得後進路選択システム**（APB）です（細尾ほか，2018）。進学希望者は志願順位をつけて志願先を入力し，APB は志願者の居住地からの近さや志願順位などに基づいて可否を判断し，それでも志願者が定員を超過する場合は抽選をしてきました。この振り分けにおいて，高校での成績やバカロレア試験の点数といった学力は考慮されてきませんでした。

APB は志願者の学力に基づいた振り分けをしていないために，学生の学業成功を担保できていないと批判されるようになりました。大学 1 年次修了者の 60％が 2 年次に同じコースに進級していないことが APB の責任にされました。バカロレア試験だけでは大学教育を受けるのに必要な学力を保証できていない，各高等教育機関が期待する学力をもっている志願者のみを入学させるべきでは，といわれるようになりました。つまり，入学者選抜をしたいという世論が高まったということでしょう。実際，2017 年 10 月 26 日に公表された Ipsos（調査会社）の世論調査では，回答者の 66％が大学入学時の選抜に賛成でした（大場・細尾，2018）。

こうした学生の**留年・中退**は，大衆化した大学において大きな問題となってきました。2013 年のバカロレア試験合格率は 86.9％です（2021 年は 93.7％）。この合格者の 7.5 割が高等教育（表 9-1 参照。大学学士課程，技術短期大学部〔大学に置かれる短期の職業教育課程〕，上

級技手養成課程〔高校に置かれる短期の職業教育課程で，技術短期大学部よりも実践的で，修了後の就職対策が主眼〕，グランドゼコール準備級〔各界のエリートを育成するグランドゼコールの受験準備を行う課程〕など）に進学しますが，高等教育進学者のうち半数近くが大学学士課程への進学者です。大学以外の高等教育機関には，バカロレア取得後，入学時に再度選抜がありますが，大学には選抜がありません。そのため，大学でのアカデミックな教育内容と異なる職業教育を高校の技術科や職業科で受けた生徒や，学力不足の生徒も大学に入ってきます。大学入学者はバカロレア試験に合格していますが，合格率を一定に保つために試験の要求水準が引き下げられているため，大学で必要な水準の学力をもっていない人も入ってきてしまうのです。その結果，2013年入学者に関する学士課程の修了率について，規定の3年で修了する学生は27.8％で，半数以上は留年か中退か進路変更をしていました。

　こうした留年・中退は，高校のコース分けにも原因があるとされました。生徒の多くは自身の関心ではなく，学力レベルとの対応でコースを選択していました。このことは高校のコースと高等教育の進学先の不一致につながり，大学での学業失敗の一因になっていると考えられました。

第2と第3の問題──詰めこみ勉強とバカロレア試験のコスト

　日本では下級学校での教育内容と上級学校への入試で問われる内容にずれがあることが多いのですが，フランスのバカロレア試験は高校教育修了認定試験なので，このずれは少ないといえます。しかし，生徒が継続的に学習せず，短期間で知識を暗記する**詰めこみ勉強** (bachotage) をしてしまうことが2つ目の問題でした。普通バカロレア試験では，12〜16科目もの試験が課されていました。高

校2年生の末に実施される試験もありますが，多くは高校3年生の末に実施されてきました。このように多くの試験が課される3年生に詰めこみ勉強をすれば合格できるので，1年生と2年生の学習意欲を保つのが難しい現状でした。

　また，バカロレア試験の中心は，自由記述式の**論述試験**と口述試験です。選択肢問題はほぼありません。試験は全国共通問題で，問題作成と採点はおもに高校教員が行ってきました（作問には大学教員も関与）。フランスの中等教員採用試験は論述試験であり，教員は日々の実践で論述の採点を行っているので，高校教員以外に論述試験の採点に長けた存在はいないという認識が社会で共有されているからです。バカロレア試験の採点は，統一規準に基づいて，**匿名**でなされてきました。体育・スポーツのみ，内申点で評価されていました。これらの点によってバカロレア試験の結果は社会で信頼されてきましたが，大規模・複雑になったバカロレア試験のコストが3つ目の問題となりました。2900種類の作問や400万枚の答案の採点に高校教員が動員され，試験期の6月（フランスでは年度が9月から7月）は通常の授業ができない状態でした。また政権にとっては，試験問題や答案の印刷と運搬，作問や監督や採点を行う教員への手当に莫大な費用がかかっていました。

2　高大接続改革——内申点の割合の大幅アップ

新たな高等教育進路選択システム——内申点などに基づく振り分け
　2017年に選出されたマクロン大統領は，この3つの問題を踏まえ，高大接続の改革（高校教育／バカロレア試験／試験後の振り分け）に取り組みました。改革の目的は，①大学での学業失敗の対策と，②詰めこみ勉強の緩和，③バカロレア試験の簡素化の3点です。

資料 9-1　パルクールシュップの 2022 〜 23 年度スケジュール

（年度は 9 月始まり）
①情報収集
12 月 20 日　パルクールシュップのサイト公開
②志願先の決定と志願書の確定
1 月 18 日〜 3 月 9 日　生徒がサイト上で志願書を記入・登録
〜 4 月 6 日　志願書の修正可能期間
③入学許可手続き・延長手続き
6 月 1 日〜 7 月 7 日　志願した機関の回答公開，入学許可への返答
6 月 15 日〜　入学許可が得られなかった人の延長手続き（定員に空きがある機関の情報提供，志願先の変更）
7 月 4 日　バカロレア試験の結果発表
→進学先が決まり次第，入学登録
9 月 12 日　手続終了

（出所）パルクールシュップ（https://www.parcoursup.fr/）を参照して作成。

①の目的のために，2018 年の法律で APB は廃止され，新たな**高等教育進路選択システム**（Parcoursup，以下，**パルクールシュップ**）が採用されることになりました。Parcours は道のり，行程を指します。これに「高等」を意味する supérieur の略 sup がついた Parcoursup は，高等教育への道のり，進路選択ということです。生徒が高等教育で留年や中退をせずに学業を成功できるよう，パルクールシュップは学力を参照して志願者を振り分ける制度になりました（細尾ほか，2018）。政権は「**選抜**」という言葉を使っていませんが，学力が低い志願者は希望の進学先に進めないことがあり得る制度であることから，選考，あるいは実質上の「選抜」が導入されたといえます。

2022 〜 23 年度のパルクールシュップは，資料 9-1 のステップで行われています。まず，生徒はパルクールシュップのサイトで，さまざまな大学の各教育プログラム（教育目的を達成するために体系的

に編成された授業科目群）の内容を調べます。各プログラムが入学時に期待する学力も掲載されているので，生徒は自身のそれまでの科目選択や学力と照らし合わせてうまく合うと思うプログラムを選択し，優先順位をつけずに最大10まで志願先を入力します。その際，志望動機書を添付することはAPBの頃と同様ですが，パルクールシュップではさらに，高校の成績（2年生と3年生）や，バカロレア試験の点数，高校が記入する推薦書も提出します。高校の成績など基本的な情報は，高校からシステムに提出されます。高校3年生の哲学と専門科目・口述のバカロレア試験の結果が出るのは志願書の登録締切より後なので，これらの試験の点数は考慮されません。したがって，振り分けの基準となる学力としては，高校の成績という**内申点**が大きな割合を占めます。実際，数千枚もの志望動機書や推薦書を数名の大学教員で審査するのは非現実的なので，高校の成績とバカロレア試験の点数で志願者を機械的に序列化している場合が多いと指摘されています（Clément et al., 2019）。

　大学（学士課程）の場合，原則として，志願者数が定員の範囲内であれば，志願者全員の受け入れが決まります（「可」の返答）。ただし，高校までの学習が不十分な場合は，条件付きの受け入れ（「条件付き可」の返答）となって，入学後に補習教育を受けなければならないこともあります。志願者が定員を上回る場合は，志願書が大学で審査され，「可」や「条件付き可」が得られなかった志願者は「補欠」となります。「補欠」は一定の時期が過ぎると「不可」となります。そのため，どの教育プログラムからも「補欠」の回答しか来なかった志願者は，空きのあるプログラムを高校や進路情報センターに聞いて，延長手続き期間に志願し直さなければなりません。最終的にバカロレア試験合格者はどこかの大学には入学できますが，自宅から遠い大学であったり，学びたいことを学べないプロ

グラムだったりすることはありえます。とはいえ，丁寧なマッチングで高等教育を享受する権利を保障しようとしているところは評価できます。

なお，2020 年度からは高校の担任教師が進路指導する時間が設定されました。生徒にとって最も身近な教師が相談に乗ってくれることは生徒にとって心強いでしょうが，進路指導の専門家でない教師にできることは限られているという現実があります（細尾，2022）。

バカロレア試験の改革——内申点が 40％に

次に，先述した目的で行われたバカロレア試験の改革について説明します（細尾ほか，2018）。バカロレア試験は，高校の各コースに対応して行われていました。試験では，高校で履修したほとんどの科目が出題されていました。これら全科目に傾斜配点をかけた平均点が，20 点満点中，10 点以上で合格でした。

まず，2020 年度から完全実施の高校の新教育課程において，普通科の 3 つのコースが 1 つに整理されました。必修科目が 7 科目，選択必修の専門科目が 2 年生は 3 科目で 3 年生は 2 科目，進路指導が必修，選択科目が 2 年生は 1 科目まで，3 年生は 2 科目までとなりました（表 9-2 参照）。生徒はコースに縛られず，高等教育の進学先を見据えて科目選択できるようになりました。進路不一致を防ぐことで，改革の目的①であった，大学における留年・中退などの学業失敗を減らそうと試みられました。

また，バカロレア試験において 2020 年から，高校での「**継続的な内部評価**」（contrôle continu：以下，**内申点**）が試験の 40％，従来の匿名で採点される**全国一斉試験**が 60％を占めるようになりました（コロナウイルス感染症の影響で，完全実施は 2022 年から）。全国一斉試験は，2 年生 6 月のフランス語（筆記と口述）と，3 年生の専門科

9 章

表 9-2　高校普通科の 2 年生・3 年生の新教育課程

	科目	2 年生	3 年生
必修科目 (共通教養 の基礎)	フランス語	4 時間	—
	哲学	—	4 時間
	歴史・地理	3 時間	3 時間
	第一外国語・第二外国語	4.5 時間	4 時間
	科学	2 時間	2 時間
	体育・スポーツ	2 時間	2 時間
	道徳・公民	年間で 18 時間	年間で 18 時間
専門科目 ※2 年生 時に 3 科 目選択し， 3 年生時 にそのう ちの 2 科 目を選択	芸術	4 時間	6 時間
	歴史・地理，地政学，政治学	4 時間	6 時間
	人文学・文学・哲学	4 時間	6 時間
	外国・地域の言語・文学・文化	4 時間	6 時間
	古代の文学・言語・文化	4 時間	6 時間
	数学	4 時間	6 時間
	デジタル・情報科学	4 時間	6 時間
	物理・化学	4 時間	6 時間
	生命・地球科学	4 時間	6 時間
	工学	4 時間	6 時間
	経済・社会科学	4 時間	6 時間
個別学習支援		生徒のニーズ に即した時間	生徒のニーズ に即した時間
進路指導		年間 54 時間程度	年間 54 時間程度
選択科目	外国語／古代言語と文化：ラテン語／ 古代言語と文化：ギリシャ語／体育・ スポーツ／芸術／フランス手話のなか から最大 1 科目を選択	3 時間	3 時間
	補充数学／専門数学／法律と現代社会 の重要課題のなかから最大 1 科目を選択	—	3 時間
	総計	32.5 時間	35 時間

(出所) フランスの官報 (Annexe de l'arrêté du 16 juillet 2018, *B. O.* no. 29, du 19 juillet 2018)
　　　を参照して作成。

目2科目（筆記は3月，口述は6月），3年生6月の哲学（筆記）となり，筆記試験は4科目に減少しました。

このように，高等教育で学びたい内容を意識して高校の科目を選択させ，高校での学習状況を継続的に評価するしくみを作ることで，高等教育で求められる学力の基礎を担保できると期待されました。改革の目的②である詰めこみ勉強の緩和と，目的①である大学での学業失敗の減少がともに達成できると考えられたのです。さらに，全国一斉試験よりも内申点のほうが試験のコストは大幅に下がるというのも，改革の動機の1つでしょう（目的③との対応）。

ここで注意したいのは，この内申点のつけ方について，国のルールはなく，原則として各教師に委ねられていることです。フランスでは，**教授の自由**（liberté pédagogique）という教師の教育方法の自由が，確固たるものとして存在しています。これは，学習指導要領でも明白に認められている教師の権利です。フランスには，教科書検定制度も教科書使用義務もありません。そのため，教師は，学習指導要領の内容に関して，自由裁量で指導の軽重をつけたり，自分なりの基準・方法で評価したりすることを仕事としてきました。この「教授の自由」は，フランスの教育全般において前提とされているのです。

 ## 3　バカロレア試験における内申点をめぐる議論
——内申点の功罪

詰めこみ勉強を収めるために内申点を導入すべきか

続いて，バカロレア試験への内申点導入についてなされてきた議論を紹介します。今回の改革では内申点の導入が大きな柱でした。この点については，1808年の試験創設後まもなくから議論が始まっています（細尾ほか，2018）。

初期のバカロレア試験では，大学教員が作問・採点していました。大学教員は中等教育（高校）の内容をよく知らなかったため，バカロレア試験では，中等教育の内容を超える知識が問われていました。

　そのため高校では，暗記偏重の勉強がはびこっていました。生徒は授業に集中せず，受験参考書の学習に没頭していました。この問題は歴代の文相が指摘しましたが，解決しませんでした。

　第二次世界大戦後には，バカロレア試験の作問・採点の主体が大学教員から高校教員へと転換します。なお，1986年には，多様な高校の教員で構成される問題作成委員会の設置が義務づけられます。

　しかし，詰めこみ勉強は十分に解決しませんでした。そこで，生徒を継続的に学習させるべく，内申点の導入が国会で検討されてきました（1896年には高校内での進級試験をバカロレア試験の代替とする法案，翌年には高校の内申書で合否判定を行う法案が出されましたが，いずれも廃案になっています）。高校の**学校間格差**や，保護者や生徒が教員に圧力をかけて成績に影響する恐れにより，**評価の公平性**を担保できないとされたためでした。

　1983年の政府の報告書でも，パリ第一大学の歴史研究者プロが，詰めこみ勉強を抑制すべく，内申点の導入を提案しました。バカロレア試験の点数を高校での成績に照らして修正するためです。

　この内申点について，フランス最大の中等教員組合であるSNESは，反対の立場を貫いてきました。反対の理由は，次の3点です。第1に，保護者による学校への異議申し立てが多くなり，学校の負担が増す可能性があることです。フランスの高校には成績を決める公的な会議に生徒代表と保護者代表が同席するしくみがあり，保護者が学校に意見を述べる習慣があります。第2に，教師が教育者ではなく選抜者になり，教師と生徒の関係が変質します。生徒が教師の顔色ばかりうかがうようになります。第3に，通う高校によって

取得したバカロレアの価値が異なってしまい，不平等になります。SNES は今回のバカロレア試験改革についても，同様の理由で，内申点反対の嘆願書を提出しています。

　このように，詰めこみ勉強の抑制のために，バカロレア試験への内申点の導入が絶えず提案されてきました。しかし，高校間の格差や情実のために公平性が担保できないことや，教師と生徒の関係悪化が心配され，内申点は導入されてきませんでした。

　そのうえ，内申点を導入すると詰めこみ勉強が抑制されるのか自体についても疑問の声があがっています。ブルターニュ教職・教育高等学院（ESPE）の教育評価論者メルルは，学校でのテストのたびにびくびくしなければならなくなり，詰めこみ勉強は解消されるどころか，高校の間中，常態化してしまう恐れがあると述べています（メルル，2020）。筆者が 2019 年 2 月 21 日にインタビューしたパリの歴史・地理教師も，「生徒は各テストの前に詰めこみ勉強することになり，詰めこみ勉強の永続化につながる。評価のために学習を効率化することを考えるようになり，真の学習に向かわなくなる」と言っていました。進学に関わる内申点の導入は，**継続的な学習**を促せると期待できますが，これまでの一発勝負の試験に向けた学習の頃と比べて学習の質が変わるのかについては検討の余地があります。

日常の成果を評価できる内申点のほうが全国一斉試験より公正か

　また，内申点（日常の成果の評価）と，一発勝負の全国一斉試験（匿名で採点される従来のバカロレア試験）のどちらが**公正**か，という点についても，議論が展開されてきました。ここでの公正とは，生徒の出身階層など社会的背景や属性といった学力以外の要素に影響されずに学習成果を評価できるという意味です。公平はすべての者

を同じように扱うこと，公正は参加を妨げている各自の障壁を取り除き，同じ機会へのアクセシビリティをすべての者に確保しようとすることです。

　内申点のほうが公正だとする主張の理由はおもに次の2つです。1つ目は，日頃生徒に接している担任教師が，学習の質を最もよく判断できるというものです。もう1つは，全国一斉試験では慣れた問題か，当日の体調がいいかといった**運**で成否が決まりますが，内申点のほうが運に左右されにくいというものです。

　一方，内申点は公正ではないと主張する人もいます。内申点は，生徒の出身階層・留年歴・性別といった社会的・文脈的な影響を受けることが，統計的に実証されています。1999年の研究によると，高校最終学年の生徒の内申点と，同じ生徒群のバカロレア試験筆記試験の点数を比較すると，保護者が労働者（肉体労働者など）という庶民階層の子どもは，内申点よりもバカロレア試験においてよい点をとりました。この結果は，留年したことのある生徒や男子生徒についても同じでした。なお，フランスは課程主義（目標に関して一定の成果をあげたら進級・修了）をとっているため，小学校から留年があり，OECD諸国のなかで最も留年率の高い国の1つです。

　この点と関連して，先述したメルル（Merle, 2018）は，内申点は各生徒の学習成果を正確に反映していないと指摘しています。その理由として，a）内申点の**評価基準**が高校間で異なることと，b）さまざまな**評価のバイアス**があること，を挙げています。

　まずa）について，どんなクラスでも成績は正規分布するという，教師の多くが認める暗黙の法則（ポスムスの法則：Loi de Posthumus）があります。これは，教育評価論者のド・ランドシールが1992年に発見したものです。フランスの成績評価は「目標に準拠した評価」であり，相対評価ではありません。しかし，実態として，上位

校でも，困難校でも，成績の高い生徒や低い生徒は少なく，生徒の多数は中くらいの成績になっています。教師は生徒のレベルに要求度を合わせるからです。それゆえ，上位校では中くらいの成績をとる生徒が，困難校ではよい成績になります。20点満点中，同じ12点でも，その点数が表す実際のレベルは高校によって異なります。

　次にb）について，対面でなされる内申点の評価には，認知バイアスがかかります。代表的なのが，ハロー効果です。ある対象を評価するときに，それがもつ特定の特徴に引きずられて，他の特徴についての評価がゆがめられてしまいます。多くの教師は初回の授業で，生徒に個人票を書かせます。そこに書かれた生徒の年齢（留年の有無）や出身学校，性別，保護者の職業（出身階層）などから，教師は知らずと生徒に対してのイメージをもちます。そのイメージと矛盾する情報を認識すると心理的葛藤が起こるので，教師は答案のなかに，自分のイメージと矛盾しない情報を探そうとします。その結果，先述した研究で実証されたように，庶民階層の子どもや留年経験者や男子は厳しめに評価されてしまうのです。

　以上のように，内申点のメリットとして最も期待されたのは，詰めこみ勉強を抑制し，継続的な学習を促せる可能性です。内申点の大幅な導入には，高大接続のしくみを通して，上級学校の教育についていくだけの資格を受験者がもっているかを確かめるだけではなく，下級学校の教育を助成することもできるというメッセージを発したという意味があります。その一方で，内申点には，学校間格差や評価のバイアスが影響して，不公平・不公正になり得るというデメリットがあります。その結果，全国一斉試験と内申点を混ぜた折衷案のしくみができたのでしょう。

4　内申点で公平性・公正性が担保されるか

最後に，バカロレア試験改革によって大幅に拡大された内申点のしくみにおいて，上述の議論で問題となってきた評価の公平性・公正性が解決され得るのかを検討してみます。

2018年に改革案が示されたときは，バカロレア試験に含まれている内申点40%のうち，30%は生徒が履修した一部の科目の**共通試験**の点数で，残りの10%は2年生と3年生の「**通知表**」(bulletin scolaire：各教科の担任教員による成績簿。学期末に保護者に渡される)の点数でつけることになっていました。共通試験は，全国共通の問題バンクから各高校が選択した問題で行う試験です。各高校で，通常の授業時間の枠内で，高校教員が実施する予定でした。高校2年の1〜2月頃と，4〜5月頃から6月，高校3年の4〜5月頃の3回です。普通科の場合，1回目の試験では歴史・地理と外国語，2回目の試験では歴史・地理，外国語，専門科目のうち3年生で履修しない科目，科学，3回目の試験では歴史・地理，外国語，科学の試験が課されることになっていました。

共通試験に関しては，学校間・教師間の平等を確保するために，次の3つの工夫が提案されました。

第1に，全国共通の問題バンクから各高校が選択した問題で実施します。学習指導要領に対応して，同じレベルのさまざまな問題が作成されます。このなかから，各高校が問題を選択します。

第2に，**匿名**で採点するために，生徒の担任教師ではない教師が，名前を見ずに採点します。自校には複数人の教師がいない科目の場合，近隣の高校の教師に採点を依頼します。採点は，試験問題につ

けられた評価の規準（barème）または基準（critère）をもとに行います。**評価規準**は，（日本の定義と異なりますが）評価の観点のことです。**評価基準**は，この規準についてどこまでのレベルを求めるかを示したものです。

　第3に，評価結果を調整します。各共通試験が終了した後，大学区（フランスを30に分ける地方教育行政単位）ごとに，調整委員会が開かれます。視学官（inspecteur：国の教育課程基準の実施状況を監督する職員）や代表の教師が集まり，問題の間で，また学校の間で，試験の採点結果に偏りがないかを確認します。偏りが大きい場合は，調整委員会が採点結果を修正します。

　しかし，2021年6月に，共通試験の廃止が発表されました。内申点は，2年生と3年生の**通知表**の点数のみでつけられることになりました。この変更は，通知表のほうが，「学習内容に基づいたよりいっそう柔軟」な評価方法だという判断によるものでした。[2] **全国共通バンク**は残り，内申点の評価に使うかどうかは任意となりました。匿名採点や採点結果の調整の義務もなくなりました。フランス語と哲学以外の必修科目と，3年生で履修しない専門科目が内申点の対象となります。匿名の全国一斉試験で課される科目は内申点の対象になりません。また選択科目も対象外です。

　先述したように，全国一斉試験と内申点それぞれにメリットとデメリットがあることが議論されてきたため，全国一斉試験で評価する科目と内申点で評価する科目を分けることで，両方法の功罪を相殺しようとしたと考えられます。内申点の目的は継続的な学習を促すことならば，試験を課した科目についても内申点が要るのではと思われますが，内申点に関わる教師の負担を軽減するために対象科目を絞ったということもあるかもしれません。

　先述したパリの高校の歴史・地理教員は，共通試験について，

「共通試験がしょっちゅうあるとその対策をしないといけないから，学習指導要領を扱う実践の自由が損なわれる」「監督や採点，調整と教師の拘束時間が増える」「外国語など十分な数の教師がいない科目の場合，他の高校の教師に採点を頼むことになってややこしい」などと不満を述べていました。

このような教師の「教授の自由」や実施体制などに関する教師の批判を受け，共通試験は撤回されました。共通試験で内申点の評価方法や基準を統一すること（以下，**標準化**）は，フランスの教師にとって，自由が損なわれることを意味するのです。

共通試験導入の失敗は，内申点を学校間・教師間で標準化することの難しさを示唆しています。内申点を標準化すると学校間・教師間の評価規準・基準のずれが減って公平性が向上しますが，教育実践が縛られ，授業を自由にできなくなります。

バカロレア試験における内申点──各高校における調整

バカロレア試験に含まれる内申点は各高校の成績でのみつけるようになったため，高校間・教師間の公平性を保つべく，国民教育省（日本での文部科学省に相当）の評価のガイドブックが，2021年9月以降，毎年出されています。どの年度のものも内容はほぼ同じですが，最新版の2023年のものを見てみます。ただ，このガイドブックを使うかどうかは教師に任されています。

まず，教師が授業で行うさまざまな評価のなかで，どの評価を内申点のための総括的な評価とするか，各総括的評価の重みづけをどうするかは，各教師が決めるとしています。総括的評価は学期ごとに3回以上行うこととされています。教師は学習指導要領で定められた目標に照らして評価基準を明確にし，何がどのレベルまで求められているのかを生徒に説明します。この評価基準は，同じ教科の

表 9-3　歴史・地理の全国共通バンクの問題で求められるもの
（「資料の分析」の箇所を抜粋）

活用される主な能力	主に期待されること
知り，位置づける	本質的な歴史的・地理的指標を適切に活用して分析する。
文脈を理解する	資料に含まれる情報を活用し，自分の知識と関連づける。
歴史的または地理的なアプローチによって資料を批判する	資料の性質や作成された背景を考慮する。資料に含まれる情報に対して疑問をもったり相対化したりできる。
歴史的または地理的なアプローチを用いて分析したり論証したりする	資料の意味を理解している。指示に従って資料と自分の知識のなかから関連する情報を選択する。それらを構造立てて論じる。

（出所）Eduscol（https://eduscol.education.fr/document/5470/download）。

教師の間で調整することが勧告されています。

　また，内申点の対象となっている科目ごとに，具体的な勧告が述べられています。例えば，歴史・地理の普通科の場合，2年生の内申点のうち3つ以上，3年生の内申点のうち2つを，全国共通の問題バンクから，同じ教科の教師が相談して選んだ問題でつけるとされています。従来の全国一斉試験の歴史・地理のバカロレア試験では，歴史か地理の「作文」，歴史か地理の「資料の批判的検討」あるいは地理の「主題図」の問題が出されてきました。問題バンクではおそらくこれと対応して，3種類の問題それぞれで評価すべき能力が載っています（表9-3を参照）。これらは全国一斉試験で問われてきた能力と類似しています。

　最終的に決まったこの内申点の調整のしくみは，教師の「**教授の自由**」と「**評価の公平性・公正性**」を両立するために考え出されたものですが，ガイドブックはあくまでも「勧告」なので，実際にど

こまで実施されているかは不透明です。とくに，フランスの教師は個人主義的で**協働**を好まないので，他の教師との協働を前提とした「評価の標準化」の措置は，なかなかうまくいかないことが予想されます。

　実際，歴史・地理の高校教員であるイヴァノフ（Ivanoff, 2022）は，「教師や学校は内申点の評価方法を設定する自由をもつ。……高校は，（特定の専門科目を設置したりしなかったり，場合によっては採点の「調整」をしたりするといった）戦略をとるようになり，これは学校間・生徒間の不平等の要因となる」と述べています。つまり，内申点の評価の規準・基準について学校内で調整する高校もあるかもしれないけれども，調整しない高校も出てきて，全体として不統一になることを示唆しています。また，イヴァノフは，歴史・地理のバカロレア試験改革について述べながら，全国共通の問題バンクについては触れていません。おそらく彼にとっては，「使っても使わなくてもいいもの」なのでしょう。そして，その判断は他の多くの教員にも共通していること，すなわち問題バンクがほとんど使われていないことが予想されます。

　筆者が2023年9月16日にインタビューしたある日本語教師も，内申点について，同じ教科の教師の間で学期ごとのテストの回数や評価基準が違うことに対して，生徒や保護者がより敏感になってきているといいます。高校教師たちは，教授の自由と評価の公平性・公正性確保の間で葛藤しています。

内申点を大学が補正することは可能か

　このように，高校において内申点を**標準化**することは難しい現状にあることを見てきました。バカロレア試験における内申点の拡大により，従来の匿名の全国一斉試験のみによる採点のときよりも，

評価の公平性は低下する可能性が高いでしょう。フランスの教師のアイデンティティである教授の自由を尊重しつつ，内申点を標準化できる措置が出されていないからです。内申点の学校間格差は解消されないままでしょう。その帰結として内申点の評価は主観的になり，評価のバイアスが入り，評価の公正性も損なわれる恐れがあると予想されます。今回の内申点の拡大は，大学での学業成功のための学力を志願者に求めることと，詰めこみ勉強を抑制して高校の本来の学習が継続的にできるようにすること，という学校間接続の原則に基づいた改革であると評価できますが，評価の公平性・公正性の面で課題は残ったままです。

　実際，筆者がパリと地方の多様な高校でインタビューしたところ，バカロレア試験と同様の論述の課題を出して内申点をつけているところは，上位校でも困難校でも同様に見られましたが，評価課題の種類や各課題の傾斜配点は教師によって違いましたし，学期ごとの評価の回数もさまざまでした（細尾，2020a；2020b）。なお，フランスには大手の教育関連産業はほとんど存在しないため，いわゆる業者テストのようなものはありません。教師は評価課題を自作するか，教科書やインターネットや書籍などから自分で選んでいます。先述した教育方法の自由の観点から，中間テストや期末テストといった，学校のなかで共通に行う内申点の評価の慣行もありません。

　では，高校の内申点を大学のほうで標準化することは可能なのでしょうか。先述のメルルは，パルクールシュップの過程において，高校間の格差を考慮するために，高校のランキングに基づいて**成績を補正**する大学があることを問題視しています（大場・細尾，2018）。各高校の学習成果の指標は，国民教育省のサイトで公開されています。そこでは，バカロレア試験合格率，高校の各学年の生徒のうち高校修了時にバカロレアを取得できる割合，受験者のうちバカロレ

アの優秀成績取得者の割合，付加価値（生徒の学業的・社会階層的特徴をもとに期待できる成果と実際の成果の差），が示されています。しかしながら，メルルによると，実現可能性の観点から，大学は各高校の社会的背景を考慮せず，おそらくバカロレア試験合格率のみで高校を序列化することが最も多くなるだろうとのことでした。このバカロレア試験合格率が高い高校の生徒に加点することは統計学的に間違っています。合格率のランキングは高校の序列を表すものであっても，それぞれの高校の平均的学力そのものを示す値とはならないからです。高校のランキングで大きな隔たりがあっても，生徒の平均的学力にそれほど差がつくとは限りません。さらにはこの序列は高校のランクであって，生徒の学力レベルを必ずしも表していません。上位校にも学業不振の生徒がおり，中位校にも優秀な生徒がいるからです。

　このように，各高校の内申点を大学が適切に補正する方法もいまだ見つかっていない状況です。

ま と め

　教育制度の効果はその国の歴史的・社会的文脈によって違いますが，フランスが対峙してきた論点や課題は，日本の在り方を見直すうえで参考になります。本章から，接続の試験や選抜に内申点を導入する際，次の4点を考える必要があることがわかります。これらの解決策を探ることで，日本の入試において内申書を用いるべきか，どのように使うべきかに関するヒントが見えてくるでしょう。

　第1に，内申点には継続的な学習を促進できる効果が期待されています。ただし，詰めこみ勉強の常態化につながる恐れも指摘されています。

　第2に，内申点には学校間格差や評価のバイアスという公平性・公正性の問題があります。

第3に，内申点を学校間で標準化することと，教師の教授の自由を尊重することを両立できる方法が求められます。

第4に，内申点を学校のランキングで補正することは統計学的に正しくありません。

注

1 国際バカロレアを運営する国際バカロレア機構は民間の非営利教育団体であり，資格としても資格取得のための教育内容においても，国際バカロレアとフランスのバカロレアとは異なります。

2 国民教育省（https://www.education.gouv.fr/ajustements-proposes-pour-le-baccalaureat-general-et-technologique-compter-de-la-session-2022-323861）。

引用・参考文献

大場淳・細尾萌子（2018）「フランスの高大接続改革は民主化を促すか──高等教育進路選択システム（Parcoursup）に焦点をあてて」（フランス教育学会第36回大会自由研究発表）

京免徹雄（2023）「フランスの学校──大衆化のパラドックスと民主化への挑戦」二宮皓編『世界の学校──グローバル化する教育と学校生活のリアル』学事出版

細尾萌子（2020a）「『効果のある学校』における指導法・教員間の協働・個別支援の一事例──バカロレア試験で問われる思考力・表現力をいかに育成するか」『フランス教育学会紀要』第32号, 55-68.

細尾萌子（2020b）「フランスの高校普通科における指導法の事例──バカロレア試験で問われる思考力・表現力の育成に向けて」『日仏教育学会年報』第27号, 32-42.

細尾萌子（2021）「フランスの教育評価制度」田中耕治編『よくわかる教育評価　第3版』ミネルヴァ書房

細尾萌子（2022）「フランスの高等教育進路選択制度改革──高等での進路指導を変えるか」『大衆教育社会におけるフランスの高大接続（高等教育研究叢書164）』広島大学高等教育研究開発センター

細尾萌子・田川千尋・大場淳（2018）「フランスの高大接続改革の動向──バカロレア試験への内申点活用と進路選択システムの見直し」『フランス教育学会紀要』第30号, 77-88.

メルル，ピエール（池田潤訳）（2020）「フランスのバカロレア試験が抱える諸問題とその対策──日本の大学入試への示唆」細尾萌子・夏目達也・大場淳編著

『フランスのバカロレアにみる論述型大学入試に向けた思考力・表現力の育成』
ミネルヴァ書房

Clément, P., Couto, M.-P. & Blanchard, M.(2019) Parcoursup: infox et
premières conséquences de la réforme, *La pensée*, No. 399, 144-156.

Ivanoff, N. (2022) La réforme du bac et la vie des lycées, *Esprit*, Septembre, 19-
22.

Merle, P.(2018) *Les pratiques d'évaluation scolaire. Historique, problèmes,
perspectives*, PUF.

Chapter 10 国際バカロレアの経験から

評価の信頼性は高められるのか

はじめに

国際バカロレア（IB：International Baccalaureate）は，特定の国家や国連などの機関に属さない民間の非営利教育団体である国際バカロレア機構（IBO：International Baccalaureate Organization）によって提供される初等・中等教育プログラムです。2023 年現在，世界 160 の国と地域，5700 校（日本国内は 229 校）に認定校があり，195 万人の児童・生徒が学んでいます。[1]

IB の教育プログラムのうち，後期中等教育のプログラムであるディプロマ・プログラム（DP：Diploma Programme）では，各科目の**下級学校**で行われる**内部評価**（IA：Internal Assessment；各科目の内容に即した**パフォーマンス課題**による評価）と外部評価（EA：External Assessment；基本的には世界共通の最終試験による評価）を総合してスコアが決まります。このスコアが IB ディプロマ（国際バカロレア資格）と呼ばれる世界の大学への入学資格の授与の決定や各大学における選抜に用いられます。現在，IB ディプロマは世界 100 以上の国と地域，5000 校以上の大学が入学資格と認めていて（選抜方法・入学定員の一部に限定する場合も含める），**国際的な大学入学資格**として知られています。[2]

本章では，調査書（内申書），すなわち日本において下級学校から

上級学校へと接続する際に用いられる下級学校での評価のことを念頭におきつつ，DP で下級学校が行う内部評価の特徴を具体的に見ていきます。そして，日本に対して得られる示唆を検討します。

　なお，IB の各プログラムのうち，中学校段階を見るならば，前期中等教育のプログラムである MYP[3] が対応しています。しかし，MYP は異なる上級学校への接続や入学者選抜に用いられることを前提にした評価制度をもつプログラムではありません。そこで本章では DP に焦点を当て，日本の大学入試とも比べていきます。

📖 1　国際バカロレアとは何か

国際バカロレア（IB）の歴史と現状

　IB は 1968 年に始まって以来，50 年以上の歴史を有していますが，とくに近年は世界的に脚光を浴び，認定校も国内外で急増しています。日本においては，2013 年 5 月の教育再生実行会議第三次提言に IB の積極的導入が盛り込まれ，大きな注目を浴びることになりました。日本での関心の高まりの背景には，グローバル化のなかで海外の大学への入学資格としての期待があるだけでなく，国内の大学入試制度や教育方法の改革の契機としての期待もありました。

　IB は，もともと外交官や国際機関職員，駐在員等の子どもたちが，現地のインターナショナルスクール卒業後に，それぞれ母国の大学へ戻って円滑に入学できるよう，国際的に通用する大学入学資格を付与することをめざして開始された後期中等教育のプログラムである DP（ディプロマ・プログラム）をその発端としています。それゆえに，国は異なっていても共通して高等教育機関への接続を可能にするためには，どのような中等教育カリキュラムで学び，どのような評価方法でそれを見取るべきかが問われた結果として，両者が一体的に構想されたという特徴的な歴史をもっています。

したがって，IB とは単に世界共通の試験を指すものではありません。大学入学資格となる IB ディプロマは，IBO から規定される教育内容・教育方法・授業時数などの枠組みに沿ったカリキュラムでの学びのうえに，その成果を問う内部評価と最終試験を含む外部評価を総合して得られるものになっています。

　本章では，この DP において，下級学校で指導教員が採点を担う内部評価がどのようなもので，どのように大学への接続に用いられるのか，そして日本の調査書（内申書）とはどの点で異なっているのかということに焦点を当てていきます。まずは DP の全体像を確認しましょう。

ディプロマ・プログラム（DP）の概要

　DP は，2 年間の後期中等教育で，日本の学校の場合は高校 2～3 年次に行われます。学習すべき科目については，言語と文学（母国語），言語習得（外国語），個人と社会（人文・社会科学系の科目群），理科，数学，芸術の 6 グループのなかから 1 科目ずつ選択し，うち 3～4 科目を上級レベル（HL）科目として各 240 時間，その他の科目を標準レベル（SL）科目として各 150 時間学びます。上級レベルの設定によって大学での専攻を意識した高度な学習機会も与えつつ，早い段階から専攻に合わせて科目を絞り込みすぎないように最低でも日本の国語・英語・社会・理科・数学に相当する 5 教科は学ぶ（芸術グループは他のグループの科目に代替可能）という，深さと広さのバランスが科目選択では意識されています。学習する 6 科目すべてに同等の配点が与えられ，資格のための評価対象となります。

　これに加えて，必修要件（コア）として，「課題論文」（EE：Extended Essay），「知の理論」（TOK：Theory of Knowledge），「創造

性・活動・奉仕」（CAS：Creativity/Action/Service）に取り組むこと
が求められます。TOK は，知識を批判的に問い直すことを通じて
異なる科目の学びをつなぐ役割をもつ，近年とくに注目されている
IB 独自の授業です。

DP の評価方法

　芸術グループを除く各科目では，IBO による世界共通の最終試
験が外部評価として行われます。しかし，その結果が評価全体に占
める割合は 7 ～ 8 割程度で，すべてではありません。2 ～ 3 割は所
属する学校において担当教員がレポートやプレゼンテーション等を
評価する内部評価になります。この外部評価と内部評価を総合して
科目のスコア（7 点満点 ×6 科目）が算出されます。これに必修要件
のスコア（TOK・EE のみ総合して得点化，3 点満点）を加え，合計ス
コアが 45 点満点中原則 24 点以上で，大学入学資格となる IB ディ
プロマが得られます。

　DP における合計平均スコアは例年 30 点前後で，受験生のスコ
アはほぼ正規分布すると IBO は公表しています。IB ディプロマと
いう大学入学資格の有無だけでなく，受験生によって「差がつく」
結果となるスコアに応じて，研究レベルや選抜性の高い大学への門
戸も開かれます。近年は，IB の教育プログラムが高く評価されて
いることもあって，選抜に用いる大学の増加だけでなく，IB ディ
プロマ取得に至らなくても各科目の得点だけを評価して入学を許可
したり，大学での単位として認定したりする例が見られます。なお，
実際の大学側の選抜のための運用方法を見てみると，国や大学に
よって IB ディプロマのスコアだけでなく，面接や（留学生の場合
は）語学試験などを加えて総合的に評価するケースも見られます。[4]

2　内部評価の具体的方法とその特徴
——「歴史」科目を例に

内部評価のしくみ

　IB では，科目別に学習の総括的な成果を問うような，（基本的に）1 つの課題に対して，各学校で当該生徒を指導している教員によって行われた採点結果をもって内部評価としています。したがって，日本の内申書のように内申点すなわち評定が，学期ごとに複数の定期試験や課題等をもとにしてつけられたり，複数の学期や学年にわたる評定が入試に用いられたりすることはありません。

　また，内部評価で，どのような課題を設定し，どのような評価基準を用いて採点するかについては，各学校や教員に委ねられるのではなく IBO の指示に従うことになっています。

　例えばグループ 3「個人と社会」の 1 つで選択者も多い「歴史」科目の内部評価は，英語 2200 語，日本語 4400 字を上限とするレポート「歴史研究」(historical investigation) です。IBO の発行する公式ガイドである『「歴史」指導の手引き』では，近年提出されたトピックとして，「1941 年から 1942 年にかけて行われたデュッセルドルフからミンスクへのユダヤ人の移送は，どの程度，体系的なものだったか」や「バンベルクの魔女裁判 (1623-1633 年) の原因として，経済問題はどの程度大きな要因だったか」といった例が挙げられています (IBO, 2015a: 85)。どのようなトピックにするかは生徒の自由です。[5] 生徒の関心に応じて，「歴史」科目の授業で取り上げられなかった地域や時代から選択することも可能です。自由を与えることによって，「歴史の研究は特に，個人的に興味のある，すなわち自分の地域や国の歴史に関するトピックに取り組む良い機会」(IBO, 2015a: 82) になるということも意識されています。IB は

国際的なプログラムと認識される一方で，理念や教育内容が西洋の価値観に寄りすぎていると批判されたこともありました。近年は世界中で認定校が急速に増加するなか，ローカルな学びも強く意識されています（ウォーカー，2014）。

内部評価に用いられる課題は科目によって異なりますが，「歴史」以外のいずれの科目もレポートやプレゼンテーションといった課題の，いわゆるパフォーマンス評価が指定されています。例を挙げれば，「経済」（HL）では時事問題についての3つのコメンタリー（論評）からなるポートフォリオ（それぞれ750語〔日本語の場合は1500字〕以内），「地理」（SL・HL）では英語2500語（日本語の場合は5000字）以内のフィールドワークレポート，「心理学」（HL）では英語1500〜2000語（日本語の場合は3000〜4000字）以内の実証的研究とされています。また，自然科学系の科目では6〜12ページ以内の分量で，学習した範囲内において自らテーマ設定した「個人研究」のレポートが課されています。

なお，教員は，5月に外部評価となる最終試験を受ける（秋卒業の）場合は4月10日まで，11月に最終試験を受ける（日本国内の多くの学校のように春卒業の）場合は10月10日までに課題に対する内部評価を行い，得点をIBのシステムに入力しなければなりません。したがって，内部評価は外部評価よりも早い時期に行われます。

内部評価の評価基準

DPの「歴史」科目を例に，内部評価の具体的な評価基準を見ていきましょう。「歴史研究」のトピックは生徒自身が自由に設定できる一方で，次のような観点別の評価目標が示され，「歴史」科目全体の目標と関連づけられています。

表10-1を見ると，IBが内部評価として見取ろうとしているのが，

表 10-1 「歴史」科目の評価目標と内部評価の評価目標

「歴史」科目の評価目標 （◎は内部評価の評価目標としても示されているもの）
評価目標 1：知識と理解 〇詳細，適切，正確な歴史の知識がある 〇歴史的概念と歴史的文脈を理解している ◎歴史の資料に対する理解を示す
評価目標 2：応用と分析 〇明確で論理的な議論を組み立てる 〇関連性の高い歴史的な知識を使用して，分析を効果的に裏づける ◎さまざまな資料を分析し，解釈する
評価目標 3：知識の統合と評価 〇証拠と分析を統合して，論理的な議論を構築する 〇歴史上の問題や出来事についての異なる視点を評価して，議論に有効に統合する ◎歴史的根拠として資料を評価し，その価値と限界を認識する ◎関連する資料から得た情報を統合する
評価目標 4：適切なスキルの使用と応用 〇設問の要求に的確に応える，的の絞れた小論文を構成し，作成する ◎歴史学者が用いる方法論と歴史学者が直面する課題について考察する ◎歴史の探究を導く適切かつ的の絞れた質問を組み立てる ◎リサーチスキル，及び適切な資料を選択して参照し整理する能力があることを示す

（出所）IBO, 2015a: 12。◎の表記を加えたほか英文原著に基づき文献を資料と訳すなど一部改変。

「歴史」科目で設定されている目標のすべてではないこと，知識の定着や知識を応用した論理的な主張の展開というよりも，歴史において重要な学問的なスキルともいえる，「資料（文献）」への理解と活用に重点が置かれていることがわかります。

　とくに，内部評価の意図については，IBO は次のような原理を記しています。ここから，外部評価である最終試験と内部評価では評価目標を意識的に分けていることがわかります。

- 内部評価は，シラバスの適用範囲［筆者注（以下同）：学習内容・指導方法・学習方法］を監視するためのツールとして使用されるべきではなく，生徒の特定のスキルの学習状況を評価することに重点を置くべきである。必要であれば，外部試験のなかでシラバスの適用範囲の広さを評価すべきである（IBO, 2004: 54）。
- 内部評価では，外部試験には適さない目標に対する生徒の達成度を証明する要素や課題を評価モデルに含めることができる。この評価モデルは，とくに［コミュニケーション・協働・推論・分類・実験・解釈など状況に応じた問題解決の場で求められる］プロセス・スキルに関連するものであり，プロジェクト活動，フィールドワーク，実験室での実習，数学的調査などの活動で実証される。プロセス・スキルの記録のためにワークブックやポートフォリオを使うことができるが，それら自体は外部評価には適したツールにならない（IBO, 2004: 24）。

　表10-1に示した評価目標のうち，内部評価で見取っていない項目には，外部評価である最終試験の問題が対応しています。最終試験では，例えば「20世紀の1つの戦争について，2つの国を例に挙げて政治的影響を比較・対比しなさい」（2018年，第1回試験，試験問題2）のような長文記述式の問題が出されます。この問題にその場で解答するためには，内部評価の目標には示されていない，歴史の知識，論理的な議論の組み立て，異なる視点の評価，設問の要求への正対などの力が求められるでしょう。また，先述の「資料（文献）」に関しては，内部評価では自分が設定したトピックの探究のためにどのような資料を選ぶかという選択のプロセスも入っていますが，外部評価の試験問題1では出題者が選択（指定）した資料の理解や価値とその限界の認識について問われており，同じように資料を扱う問題であっても異なるアプローチが生徒に求められていることがわかります。

表 10-2 「歴史」科目の内部評価規準の例（抜粋）

セクション （配点）	評価規準において最高評点を示す記述
A. 資料の説明と評価 （6点）	適切な研究課題が明確に述べられている。適切で関連性のある資料を特定・選択しており、研究との関連性も明確に説明されている。 2つの資料の詳細な分析と評価が行われており、出典、目的、内容に言及したうえで、その価値と限界を明確に議論している。
B. 研究 （15点）	研究は明瞭で一貫性もあり、効果的に構成されている。 十分に発展された批判的分析が、研究課題に明確に沿って行われている。さまざまな資料から得た根拠を、議論を効果的に補強するために使っている。 異なる視点の評価が行われている。前段の議論や提示した根拠に合致する論理的な結論が述べられている。
C. 考察 （4点）	歴史学の方法論について、研究から何が明らかになったかを明確に論じている。 歴史学者が直面する課題や歴史学の方法論の限界について、明確な理解が見受けられる。 考察と他のセクションとのつながりが明確に示されている。

（出所）『「歴史」指導の手引き 2017年第1回試験』、pp.82-83 の内部評価規準 A 〜 C より第1段階（最高評点）を示す記述を、筆者が抜粋し、表として再構成。実際は A は4段階、B は6段階、C は3段階の対応する記述が示されている。

　評価については、内部評価・外部評価ともに表 10-2 のように具体的な評価規準が示されています。これを事前に生徒にも共有したうえで、教員はこの規準に沿って課題の評価を行うことが求められています。

　複数の教員がその生徒の指導に関わっている場合は、教員同士で評価規準に照らして評価をすり合わせることが IBO から求められています。さらに、一部の生徒の内部評価のサンプルを IBO に提出し、それが妥当かどうかを外部採点者が見直し、妥当でなければ修正をするという**モデレーション（評価の調整）**も行われています。サンプルへの評価が甘すぎたり厳しすぎたりすると判断された場合

は，その学校の「全提出者」の得点に対して，一律の係数をかけて修正を受けることになるため，教員も内部評価に対してはいっそう慎重になります。

このように，DPでは内部評価に対して，下級学校（高校）でもなく，上級学校（大学）でもない外部機関であるIBOから基準が定められ，チェックを受け，ときには修正もされるということによって，高校内で行われる評価とはいえ透明性が高くなっています。なお，DPでは採点の質保証ために，最終試験を採点する外部採点者についても，さらにキャリアのある採点者から抜き打ちで採点の妥当性をチェックされるという階層的なしくみが整えられています。信頼性を維持するために，採点が客観的で，「開かれた」ものとなるように注意が払われていることがわかります。

ところで，高校教員にとっては，大学への接続に直結する評価を行っているという圧力がかかるなかで，パフォーマンス課題を採点する力量が当然のこととして求められます。これにより，教員は評価の経験を重ねることができるだけでなく，外部からの評価基準を適用したり，ときに改善の指摘を受けたりすることを通して信頼性と評価のスキル（評価リテラシー）を高め続けていくことができるともいえるでしょう[6]。

 ## 3 日本の調査書の特徴

日本の大学入試における調査書の特徴と課題

日本の国内において，高校側が作成し，大学への接続に用いられる評価資料として第一に挙げることができるのは，調査書です[7]。ここで日本の大学入試における調査書の特徴を見ておきましょう[8]。大学入試の調査書（ウェブサポート参照）は，第1章で見た高校入試の

都道府県ごとに異なる多様な内申書と異なり，文部科学省から「大学入学者選抜実施要項」とともに書式が示され，国公私立問わずに全国的に統一されたものが用いられています。調査書には，各教科・科目の評定（内申点），「総合的な学習の時間」の内容・評価（2025年度以降は「総合的な探究の時間」となり観点欄が加えられる），「特別活動の記録」「指導上参考となる諸事項」「出欠の記録」欄などがあります。「総合的な学習の時間」以外は，学年ごとに記入欄が設けられていて，長期的な学力が記されることになっています。

　この調査書において，評定がどのような評価課題に基づいて行われているか，どのような観点や基準で行われているか，定期試験やパフォーマンス課題などの複数の評価課題があるならそれらがどのように重みづけがされているかについては，生徒を送り出す側にある高校次第であり，受け入れる側にある大学側はその詳細を知ることができません。とくに，評定（内申点）をめぐっては，学校間格差がある（あるかもしれない）ということが大学入試でもしばしば問題になります。これが問題になる背景には，現実の地域・学校間の学力格差だけでなく，下級学校の評価基準の不一致や評価の不透明性からくる評価への不信感，もっと率直に言えば生徒の選抜を有利に導くために評価を甘くつけている高校があるのではないかという疑念もあるでしょう。

　これまでの日本の大学入試改革のなかでも，また近年では主体性を含めた多様な資質・能力を見取るために，調査書をもっと活用すべきだという議論がなされてきています。しかし，「調査書に記載される内容の多くは，学校ごとの評価尺度（校内尺度）によるものであるため，客観性・公平性が求められる入試での活用には一定の配慮が必要」（中央教育審議会，2008），「高等学校等の学習内容が多様化する中で，しかも共通第1次学力試験導入の際に調査書記入方

法に関する学校間の相違を修正することが困難であることが既に明らかとなっていることから見て，その実効性に問題があることは確か」（国立大学協会入試委員会，2007）といった指摘に対するじゅうぶんな答えが出せないまま現在に至っています。

公立高校入試における内申書については，様式や用い方を指定したり，中学3年生全員の評定分布表を高校側に提出させる制度を設けたりしていたように（第1章参照），教育委員会がある程度の拘束力をもって裏づけを与えています。これに対し，大学入試における調査書は，書式以外ではとくに外的影響を受けません。このことも上述のような疑念を拡大させる一因でしょう。

こうして，日本の大学入試では，高校入試以上に内申書が用いられていない現状，換言すれば選抜においては学力検査が重視され，下級学校の評価が軽視される傾向があります。とりわけ選抜性の高い入試が行われている大学ほど，調査書不問の一般選抜からの入学定員が多い傾向があります。そのうえ，調査書を用いる学校推薦型選抜であっても，ほぼ完全に高校で行われた評価を信頼することになる指定校推薦という方法よりも，いわゆる公募推薦の方法で大学入学共通テストや独自の学力検査を用いて競争的な選抜を行う傾向があります[9]。

日本の調査書と DP の内部評価の相違

先に述べた日本の大学入試における調査書と DP の内部評価は，高校教員が評価を行う点と，上級学校への接続に用いられるという点では共通していますが，その内容は大きく異なっています。どこが異なっているのでしょうか。

DP では，調査書のように学年や学期ごとの成績を提出することはありません。「2年間の学習期間中の学生の最高レベルの成績を

反映した」(IBO, 2004) パフォーマンス課題の1つをもって内部評価を行えばよいとされています。[10]

　そして，この課題で問われているのは「歴史」科目でもわかるように，自らテーマを設定して探究的に学んでいくなかで求められ，示される学問的なスキルでもあり，外部評価である最終試験で問われる評価目標とまったく同じものということではありませんでした。表10-1 (209頁) で見たように，内部評価と外部評価は一貫性や共通性をもちながら，各評価課題の特性に応じた目標が割り当てられています。日本の調査書と学力検査にはここまで明確な目標の住み分けや一貫性を見ることができません。このことが日本の大学入試における調査書の必然性を低下させる要因の1つと見ることもできるでしょう。

　また，IB ディプロマでは，受験生の学力（成績）に関する情報として，大学に伝えられるのは総合点（45点満点中何点か）と各科目のスコア（7点満点中何点か）という数値情報だけです。[11]内部評価の成績が単独で，あるいは外部評価と切り分けられてそれぞれに大学に伝えられることはありません。当然ながら日本の大学入試における指定校推薦と調査書の関係のように，選抜の際に内部評価だけが単独で用いられることもありません。あるいは日本の高校入試においても見られる内申点重視や学力検査重視の選抜方法のように，内申点と学力検査の組み合わせの比重を受け入れる学校や自治体が独自にアレンジする（第1章参照）といったこともありません。[12]

　ただし，IB ディプロマでは伝えられるのが数値情報だけとはいえ，その数値をどのような学力が構成しているかという内実を大学側は知ることが可能です。なぜなら，観点に即した評価方法や評価基準を高校側や教員が独自に考えるのではなく，前述のようにIBO が全世界共通のものとして規定，公開しているからです。評

価基準を高い専門性を有する外部機関が規定していることによる信頼性だけでなく，このような評価の透明性も IB の特徴の 1 つであるといえるでしょう。

さて，ここまで評価方法としての日本の調査書と DP の内部評価について，特徴を挙げながら違いを指摘してきましたが，そもそも日本の高校カリキュラムと DP のカリキュラムは大きく異なります。

教育内容（範囲）についていえば，理数系は大きく変わりませんが，「歴史」科目では日本の「歴史総合」「世界史探究」「日本史探究」に比べて，かなり時代や地域を限定して学びます。教育方法を見ても，IB はどのプログラムでも探究的な学びが重視されていて，問いに答えるために知識を身につけていくという構成主義的な学びがベースになっています。また，知識（事実）だけでなく，概念とスキルも明確化し，この 3 つのバランスを意識しながら授業が構想されます。このことは，先に挙げた「歴史」科目の最終試験の問題例と，まだまだ広い知識の再生が中心である日本の入試問題を比べるとわかりやすいのではないでしょうか。さらには，IB には，このような教育方法を可能にするための少人数クラス編成，無償で提供されるプログラムではないことからくる経済的負担，大学の学びへの接続を前提にしたレベルの高さなど，日本とはさまざまな教育条件の違いがあります。

したがって，当然ながら DP の内部評価と日本の調査書は，安易に並べたり比べたりすることはできませんし，IB の何らかの手法を優れたものとして導入することについては，たとえその一部であっても慎重であるべきでしょう。

しかし，本書の趣旨に従い，下級学校から上級学校へ示される評価という共通点に限定して注目すれば，日本の内申書の今後の議論の在り方について，あるいは内申書が現状では十分にカバーしきれ

ていない領域について，IB からいくつもの示唆を得ることができるとも考えます。最後に，それを検討したいと思います。

 ## 4　DP の内部評価から日本の内申書に得られる示唆

本章の最後に，DP の内部評価を見ることによって，日本の大学入試における調査書のみならず，高校入試における内申書の改善や活用に対して得られる示唆として，以下の 3 点を挙げておきます。

①評価の内容と基準の統一，その公開による透明性の向上

②外部機関が評価に関わることによる信頼性の向上

③探究的な学びの評価（パフォーマンス評価）の在り方

①評価の内容と基準の統一，その公開による透明性の向上

まず，選抜試験にせよ下級学校で行う評価にせよ，評価の内容（目標・課題）と基準を学内外に明らかにすることによって，透明性が高まります。このことによる利点は，生徒と教員，生徒同士や教員同士で目標を共有しやすくなること，生徒の自己評価がしやすくなること，上級学校の側も生徒がどのような力をもっているかを把握しやすくなるということが指摘できます。

そして，課題や基準が統一されていることにより，下級学校の評価を共通のものとして見ることができるようなり，評価の学校間格差への疑いをなくすことができます。また，教員にとっては，評価課題を含めたカリキュラム設計にかかる負担が軽減されます。IB の教員はトピックなど学習範囲の選択や適切な教材の検討を行う必要がありますが，定期テストの問題やパフォーマンス課題を自ら考えたり，ルーブリック（評価基準表）を作成したりするための負担が軽減されています。むろん生徒自身が適切な問いを発するための

授業準備や教室でのファシリテート，内部評価課題と外部評価課題に至るための段階を追った指導計画は必要ですから，そちらに力を傾けることができます。

②外部機関が評価に関わることによる信頼性の向上

次に，評価の信頼性について考えてみましょう。

IBOは内部評価に採点の信頼性，信頼性の担保，過度な作業負担，信憑性（本人の力によるかどうか）の点で問題点やリスクがあることを自ら指摘しています。例えば，指導する教員が内部評価を行うことについての課題としては，以下のような指摘を見ることもできます。

> 教員の判断は，受験者の過去の学びの経験にも影響を受ける可能性がある。教員は，内部評価を行う際に，指導やサポートの役割の限界があいまいなことがある。また，自分の教科分野におけるグローバルな達成基準について限定的な視点しかもっていないことがよくある。自分の生徒の課題を評価するとき，教員は自分の学校内に存在する一般的な基準に大きく影響されることがある（IBO, 2018: 96）。

つまり，教員は目の前の生徒を評価する際に，「この生徒ならこれくらいできるはずだ」や「この生徒は（書かれていないが）これはわかったうえで書いているはずだ」といったバイアスがかかる可能性があったり，新しい外的な（IBが定めるグローバルな）評価基準ではなく，つい「この答案はめったに見ないレベルでよくできている」というこれまでの教員自身の経験による基準に左右される可能性があったりするものだ，ということを指摘しています。しかし，一方で教員による採点については次のようにも述べています。

IBは，受験者の成長を見てきた人によって評価され，教室での学習を通してのみ評価できる，有意義な評価課題を設定できることによるメリットは，内部評価がもつリスクよりも大きいと考えている。したがって，私たちは通常，内部評価課題をすべての評価の一部として含めている（IBO, 2018: 96）。

　そこで，内部評価の問題点やリスク回避のため，内部評価では，学習範囲の設定には教員が影響を与えられるようにしつつ（つまり指導において教員の専門性を発揮できるようにしつつ），評価基準を明確にしています。そして，教員自身の採点に委ねながらも，教員の採点に対するIBOのモデレーションも行うことで客観性や信頼性を高める工夫をしています。

　一部の生徒の内部評価のサンプルで学校全体の内部評価の得点が適切かどうかを決めるというモデレーションの在り方や，どのような立場の機関がモデレーションを行うか，その費用負担をどうするか，といった点については慎重な議論や制度設計が必要になるでしょう。しかし，中学校に評定分布表の提出を求め，全校生徒の5段階評価の配分を明らかにすること（第1章参照）に比べれば，IBOによるモデレーションは学習成果の内実に直接関心が向けられているといえます。こちらのほうが，より生徒それぞれの学力の実態に即したかたちで（目標への到達度から）妥当性を確かめているといえるのではないでしょうか。

　ここまで述べてきた評価内容や基準の統一，高校でも大学でもない第三者である外部機関が評価に関わることについては，もう1つの大きな検討すべき課題があります。それは，このような下級学校の内部評価に対するIBのいわば外部規定性は，現在の日本ではその生徒に関わる下級学校や上級学校が直接保有している評価方法の決定権を侵す可能性がある，ということについてです。例えば，大

学が自らのアドミッション・ポリシーを満たすために，各科目について独自の問題を作成したいという願いをもつ場合や，高校が独自の基準で目の前の生徒たちを評価したいという願いをもつ場合に，DPの評価目標や評価方法が相容れるものであるとは限りません。大学入試のように受験生個人にとっても社会的にも影響の大きな（ハイステイクスな）評価に外部機関が関わることについては，近年であれば大学入試における英語民間資格試験の導入をめぐって一部で機会の公平性や秘密保持の不安について議論になったことが思い起こされます。しかし，第三者が評価の枠組みの構築や採点に関与するということが本質的に投げかけるのは，選抜においては上級学校が一方的に評価することが中心になっている現在の状況がはたして適切なのか，接続に関わる評価には誰が参加すべきなのか（信頼できる第三者をどう確立するのか），という新たな問いかけであるといえるでしょう。

③探究的な学びの評価（パフォーマンス評価）の在り方

最後に，探究的な学びの評価の在り方について得られる示唆を検討しておきましょう。

IBでは，プログラムや科目を問わず教員からさまざまなタイプの問い[13]がなされることや学習者自身が問いを立てることが，日常的に重視されています。とくにDPでは，内部評価や必修要件（コア）である課題論文において，生徒自身がトピックを選んで行うかたちの探究的な学びの成果が得点化され（表10-3），IBディプロマの取得，すなわち大学への接続に必ず用いられるように組み込まれています。また，表には示していませんが，科目によっては，例えば「歴史」科目のように，外部評価である最終試験でも「どの程度この発言に同意しますか」といった論争的で解答が1つに定まらない

表 10-3　DP における探究的な学びの評価の例

	課題論文（EE）	内部評価の課題
内容	DP で学ぶ科目から選択し，自ら選んだトピックで 4000 語（日本語の場合は 8000 字）以内の学術論文をまとめる	各科目において自ら選んだトピックで行うレポートなどのパフォーマンス課題
最終的な評価（45 点満点）における位置づけ	同じ必修要件（コア）であるTOK（知の理論）と合わせて 3点	各科目 7 点のうちの 20 〜 30% を占める（芸術科目は例外的に高めに設定）
採点	学校外の採点者が IBO の評価基準に基づいて採点	校内で教員が IBO の評価基準に基づいて採点。モデレーションあり

問題に向き合うことが求められます。

　近年日本でも，多様な資質・能力を育て，見取るために，探究的な学びをどのようにカリキュラムに組み込み，評価し，接続に用いるかについては検討すべき重要なテーマになっています。しかし，探究的な学びの成果をルーブリックなども用いながら教室でどのように見取り，さらにその多様な成果を入試でどのように見取るか，評価の難しさが課題にもなっています。

　現状の大学入試において生徒の探究的な学びの評価はどのように位置づけられているのでしょうか。まず，高校教員による評価としては，調査書にはこれを記述する十分な欄や共通する書式はなく，一部の大学で推薦書等に記入欄が設けられている程度です。実際には，活動報告書等やプレゼンテーションによって生徒自身が探究的な学びの実績の概要をアピールすることが中心になっています。また，大学によっては，下級学校で行った探究の成果を評価するのではなく，大学教員による講義やゼミに参加させながら受験生がその場で探究する力をどう発揮するかを大学側が見ていくという入試方

法も開発されるなど，その在り方が模索されています。しかし，第3章や本章で述べたように，そもそも大学入試においては多肢選択式の学力検査による選抜が現在では主流であり，探究的な学びを見取るようなパフォーマンス課題が入試に用いられること自体がごく稀であるといえます。

これに対し，DPでは探究的な学びを課題論文や内部評価のかたちで位置づけ，それを見取る評価基準を明らかにして，点数化し，最終試験と総合し，接続に用いるというしくみがすでにあり，日本でも参考にできる部分があるでしょう。ただし，DPでは課題論文でも内部評価でも，とくに質的な評価の難しい「主体性」をスコア算出のための評価基準には入れておらず，探究に関わるスキルの評価を重視しています。この点では，日本の一般的な探究活動とは相容れない部分もあるでしょう（主体性の評価については第5章参照）。

まとめ

国際的な教育プログラムであるIBでは，世界中の大学への接続を可能にするために，下級学校の内部評価の評価方法や評価基準に共通性をもたせ，明らかにして透明性を高くしています。さらに，高校でもなく大学でもない，第三者的な立場のIBOが枠組みの設計や採点，採点のチェックを行うことで評価の信頼性を高めたり維持したりするための工夫がなされています。このような工夫のもと，評価の難しい探究的な学びを含めた下級学校での学びが「必ず」接続に用いられるように総合的な評価に組み込まれていることがわかります。

とくに評価方法や評価基準を上級学校・下級学校においてブラックボックスにせずに，生徒や教員を含めて広く共有すること。情報面だけでなく，評価に関わる機関や人についても信頼のできる第三者に開くこと。これらは大学入試にとどまらず，高校入試における日本の内申書を見つめ直すうえでも重要なヒントになるのではないでしょうか。

注 ───────────────────────────────────

1 国際バカロレア機構（https://www.ibo.org/）。日本の認定校数については文部
科学省 IB 教育推進コンソーシアム（https://ibconsortium.mext.go.jp）による
2023 年 12 月 31 日時点のもの。なお，日本の内訳は PYP 認定校 60 校，候補校 38
校。MYP 認定校 37 校，候補校 17 校。DP 認定校 67 校，候補校 9 校。CP 候補校
1 校。

2 国際バカロレア機構 "Find countries and universities that recognize the IB"
（https://www.ibo.org/university-admission/find-countries-and-universities-
that-recognize-the-ib/）。

3 現在の IB には，年齢や志望に応じて次の 4 つのプログラムがあります。
  (1) PYP（Primary Years Programme：初等教育プログラム）3 歳〜 12 歳，
  (2) MYP（Middle Years Programme：中等教育プログラム）11 歳〜 16 歳，
  (3) DP（Diploma Programme：ディプロマ資格プログラム）16 歳〜 19 歳，
  (4) CP（Career-related Programme：キャリア関連プログラム）16 歳〜 19 歳。

4 オーストラリアやカナダでは IB のスコアのみ，アメリカでは高校の成績証明書
と併せて，イギリスの競争的な選抜が行われる大学では専門教科試験も別途行う
例もあるなど選抜にあたっては多様な運用が見られます。

5 ただし，「歴史」科目では例えば直近 10 年以内のテーマを扱わないといった規
定があります。時事問題は歴史学の対象にはならない，という考えがあります。

6 外部評価である最終試験は学校外の採点者が採点しますが，通常は出願時に IB
の最終スコアがまだ出ていないため，教員が内部評価と外部評価を合わせたその
科目の予測スコア（predicted grades）をつけて，それが合否判定にも用いられ
ます。大学からはいったん条件付き合格という判断が下されますが，実際のスコ
アによっては不合格となる場合や，実際のスコアのほうが高くて（教員は伸びも
考慮して予測スコアを出します）「別の大学にチャレンジできたかもしれない」と
なる場合もあります。したがって，内部評価だけでなく，外部評価の基準／規準
についても教員は通じていなければなりません。

7 ほかに，下級学校が作成する推薦書なども考えられます。

8 全国的に統一書式が用いられているためか，高校入試に比べると，大学入試で
は「内申書」という表現はあまり使われません。本章でも大学入試について述べ
る際には「調査書」を用いています。なお，「令和 7 年度大学入学者選抜実施要項
の見直しに係る予告」では，大学入試の調査書の見直しが示されています（ウェ
ブサポート参照）。

9 2024 年現在，私立大学にくらべて全体的に競争的な入試が行われがちな国立大
学には指定校推薦という制度もありません。

10 日本の一条校では，指導要録や通知表のためにも学期ごとに 5 段階評価に対応
する何らかの評価を行っています。

11 大学によって，推薦書など別途何らかの書類を高校側に求めることはあります。

10
章

12 大学が特定科目を重視して選抜を行いたいという場合，科目による得点の比重を変えるのではなく，例えば「化学」と「数学」は HL で 6 点以上といった出願条件をつけます。

13 例えば MYP の社会科学系科目である「個人と社会」では「探究の問い」として「事実に基づく問い」「概念的な問い」「議論の余地のある問い」のように問いを構造化して提示しています。

14 お茶の水女子大学の「新フンボルト入試」(2022 年度) では，文系志願者は「プレゼミナール」で大学の授業を受けた後，レポートで一次選考を行い，「図書館入試」として図書館で 6 時間の制限時間で作成する小論文を用いて二次選考を行っています。

引用・参考文献

ウォーカー，ジョージ（2014）「IB の基本方針　東は東，西は西」

国際バカロレア機構（https://www.ibo.org/）

国立大学協会入試委員会（2007）「報告『平成 22 年度以降の国立大学の入学者選抜制度──国立大学協会の基本方針』について」

中央教育審議会（2008）「学士課程教育の在り方に関する小委員会高等学校と大学との接続に関するワーキンググループ（WG）議論のまとめ」

文部科学省 IB 教育推進コンソーシアム（https://ibconsortium.mext.go.jp/about-ib/）

IBO（2004）Diploma Programme assessment Principles and practice.

IBO（2014a）「『課題論文（EE）』指導の手引き」

IBO（2014b）「『歴史』教師用参考資料」

IBO（2014c）「DP──原則から実践へ」

IBO（2015a）「『歴史』指導の手引き」

IBO（2015b）「ディプロマプログラムにおける『指導』と『学習』」

IBO（2017a）「ディプロマプログラム（DP）における評価の手順〔2018 年版〕」

IBO（2017b）「国際バカロレア（IB）の教育とは？」

IBO（2018）Assessment principles and practices: Quality assessments in a digital age.

内申書は
どこに向かうべきか

本書では，内申書問題に関して，さまざまな観点からスポットライトを当ててきました。最後に，そのライトを当てることによって明らかになってきた点と今後の内申書の在り方に関する課題をまとめてみたいと思います。

入試における内申書の役割について

入試改革の特効薬として内申書の役割が注目されたのは，激化する入試競争を緩和（沈静化）するためでした。その期待される役割とは，

① まず，当日の「学力検査」のみでは，いわゆる「一発勝負」となり，当日のさまざまなコンディションに左右されて，受験者の本当の学力をとらえることができない場合が起こり得ます。そこで，受験者の平常の学力，長期間にわたる学力の様態を記した「内申書」のほうが，有効な情報を得ることができ，加えて「一発勝負」から解放されることによって，過剰な受験準備勉強に駆り立てられることが少なくなります。

② 中学校の広義の教育課程は，何も学力形成のみを目的として

いるのではありません。いわゆる生活指導（教科外）の領域の
なかで，子どもたちはさまざまなスポーツ活動や文化的諸活動，
さらには自治的諸活動に取り組んでいます。このように多面的
に活動する子どもたちの諸能力をトータルに把握するためには，
当日の「面接」だけでは不充分であって，学習成績のみならず
特別活動や行動の記録を記した内申書が，必要となってきます。

③　「選抜」を目的とする入学試験制度においては，その選抜主
体である高等学校が要求する「選抜」規準が，一方的に中学校
の教育活動を制約または拘束するという事態に陥りやすくなり
ます。例えば，受験科目の選定にともない，それから外された
教科の授業が軽視されたり，たとえ受験科目であっても当日試
験の出題傾向に合わせた授業方式が跋扈することになります。
中学校によって作成される「内申書」には，高等学校に対して，
中学校の広義の教育課程を尊重すべきことが含意されています。
先の①②の観点も，つまるところ，この観点③に根拠づけられ
ているといえるでしょう。

内申書不信の理由

　このような期待を担って登場・重視されるようになった内申書で
はありますが，実際の入試において，その役割を充分に発揮するこ
とができず，むしろそれらの期待を裏切るように作用してきたよう
に思われます。その理由として，大きくは２つのことが考えられま
す。

　その１つは，文字通り「内申書」と呼称されるように，「内申
（親や子どもたちに内密に申告する）書」のもつ「密室性」に起因して
います。「内申書に書くぞ（書かれるぞ）」という言葉が，その真偽
や実効性はともかく，一種の脅し文句になるほどに，教師と生徒た

ち，教師と保護者たち，さらには生徒たち相互の関係を引き裂く危険性をはらんでいました。また，内申書の様式が都道府県によって「多様性」があることも，保護者や受験生に，内申書に対する不安や不信を増幅させているのかもしれません。たしかに内申書のもつ「密室性」が，見えない鎖のように子どもたちを呪縛し，内申書に期待されている役割を封じる1つの要因となっていたことは間違いないでしょう。

　この「密室性」に風穴を開けたのは，一連の「内申書裁判」（第4章参照）でした。「開示すれば生徒と教師の信頼関係が破壊されるという主張は，開示を拒む理由にはならない」「非開示とすることで生徒や保護者の不安を放置し信頼関係を喪失する」とする立場から，「開示請求」が法的に認められることによって，その「密室性」を穿ち，その相互不信を溶解する展望が拓かれることになりました。さらには，受験時に必要とされる受験者の情報と入学後に指導に必要とされる生徒の情報を可能な限り区別し，内申書の記載にはあくまでも前者の情報に限定すべきでしょう。

　もう1つの内申書に関する不信の理由として，入試に求められる「選抜性」が高くないことが挙げられるでしょう。この不信感はおもに選抜性の高い難関の高校側からなされたものです。つまり，内申書の「選抜性」が低いと判断され，当日の学力検査に傾斜がかかる（学力検査の比重が大きくなる）のです。

　その理由として，後述する中学校間の学力格差問題や中学校教師が付ける評定への不信が考えられます。ここでは，その理由の根底にある，高校入試で問われる「当日の学力検査の成績と内申書における内申点との関係」について考えてみたいと思います。

　本書で取り上げている，イギリスやフランス並びに国際バカロレアの場合にも（第8章〜第10章），この両者の区別と関連について

自覚的に議論されてきました。しかしながら，日本の場合には，高校入試に関して法令上（学校教育法施行規則第90条）に入試資料として内申書（調査書）と学力検査の両方を用いるとされていますが，なぜ入試において両者が必要なのかは明記されていません。その大きな理由は，およそ戦後半世紀続いた公的な教育評価観であった**「相対評価」**に原因を求めることができるでしょう。

「相対評価」はある集団における序列を明らかにするものであり，「内申書」の原簿にあたる指導要録では「5段階相対評価」が採用されてきました。「比べるモノサシ」である「相対評価」は序列を示すものであり，そのために定員制に基づく「選抜」試験に馴染みやすいという理由で，戦後日本において約半世紀にわたって命運を保ってきました。しかし，「相対評価」のもとでは，序列を争う排他的な競争（椅子取りゲーム）が激化し，「勉強とは勝ち負けを争うこと」になり，「何をどのように学んだのか」という問いを希薄化してしまい，学力の空洞化に拍車を掛けました。ここに受験エリートに顕著な「病める学力（高偏差値低学力）」問題と指摘される「受験学力」の問題性（駒林，1999）が如実に表れます。同じく「相対評価」のもとで実施される当日の学力検査と，学校で実施される定期試験とそれに基づく内申点とにおける**学力の質**の相違に自覚的でなかった大きな理由がここに淵源していると考えてよいでしょう。学力検査と内申書における「学力の質」の相違については，「相対評価」から**「目標に準拠した評価」**への転換のなかで改めて問われます。

中高接続のなかの内申書の在り方について

2001年改訂された指導要録において，「目標に準拠した評価」が全面的に採用されることになり，「内申書」においても貫徹するよ

うにと示唆されました。このことによって，「接続」のなかに入試を位置づけるという展望が拓かれることになります。

従来の「相対評価」に基づく「選抜」試験は各学校階梯を切断，孤立するように作用してきました。これに対して，「目標に準拠した評価」に基づく「資格」試験は「受験学力」を「接続に要求される資格」として把握し，その資格内容の確定と明示を通じて，子どもたちの学力保障をめざそうとするものです。この立場は，本書で紹介したイギリスやフランス並びに国際バカロレアにおいても通底するものです。

「接続」のなかに入試を位置づける立場は，とくに高大接続論議の中で明確に示されています。文部科学省（2022）では大学入学者選抜に求められる基本原則が次の3点にまとめられています。この基本原則は中高接続における入試原則でもあります。

① 当該大学［筆者注（以下同）：高校］での学修・卒業に必要な能力・適性等の判定
② 受験機会・選抜方法における公平性・公正性の確保
③ 高等学校教育［中学校教育］と大学教育［高校教育］を接続する教育の一環としての実施

とりわけ③にあるように，「接続」における入試は，「教育の一環」であり，より限定していえば「教育評価（指導改善と学習改善の営為とする立場）」の対象として捉えようとするものです。最近の教育評価研究では，「目標に準拠した評価」をエンパワーする真正の評価の立場が注目されています。

「真正の評価」論では，「学力の質（例えば観点別評価でいわれる「観点」）」に適合した評価方法の開発を志向する立場であり，その典型としてポートフォリオ評価やパフォーマンス評価を提案しています。明らかに当日のペーパーテストを中心とする学力検査ではか

終
章

られる「学力の質」は限定的であり，とりわけ教室の日常場面において試行錯誤をともなう「探究」（総合的な学習）を重視する教育課程が求める「学力の質」を評価するためには，現行の内申書様式の変革を展望して，よりふさわしい内申書の様式が求められるのではないでしょうか。

　すなわち，「真正の評価」論においては，子どもたちの学力の実相を深く診断するものであるとともに，それ自体が学力を活性化させる指導方法の一環となり，子どもたちは，その評価方法に「参加」するなかで，自らの学力を自己評価するとともに，より深く「質的」に多層的な理解を得ることができるようになります。

　評価を子どもたちの学力を把握する単なる手段と見るのではなく，評価行為自体を子どもたちの自律・自治を促す営為と見る評価観こそ，「真正の評価」の立場です。「評価が変わる，学びが変わる」という標語がありますが，それは単に「評価のために学ぶ」のではなく，評価行為自体に子どもたちの自律・自治の契機をみようとする意味であり，今後の教育評価実践の指針を示しています（田中，2013）。この立場に立てば，内申書も「密室性」から解放されて，生徒の自律・自治を促す制度として，再設計されるべきでしょう。

「目標に準拠した評価」の採用と内申書問題

　2001年から「目標に準拠した評価」が公的に採用されることによって，「接続」のなかに入試や内申書が位置づくようになりました。しかしながら，「目標に準拠した評価」が採用されることによって，沈潜していた内申書問題が顕在化したかのような状況が生まれました。

　すでに本書で指摘したように，「目標に準拠した評価」が提起されるやいなや，それは教師の主観的な判断が入りやすい評価であり，

まさしくその客観性が問われるという指摘が，マスコミを中心として巻き起こりました。

　そのような批判には，教師の恣意的な判断を許容した「絶対評価」と，客観的に存在する「教育目標」を評価規準とする「目標に準拠した評価」との混同がありました。また，そのような混同の背景には，半世紀余り続いた「相対評価の客観性」に対する幻影が，未だ根強く息づいていることが明白になりました。「目標に準拠した評価」における成績の配分率の不公平観や疑念には，明らかに「正規分布曲線にもとづく成績の配分率」（図2-1参照）を「客観的」とみなす心性に発しているといえるでしょう。

　今回の「目標に準拠した評価」が主観的であるとされるもう1つの大きな理由は，いわゆる「観点別評価」の問題性にあります。とりわけ，3観点の1つである「主体的に学習する態度」をいかに評価対象とするのか，その3観点を総合していかに評点化するのかについて，教育現場のなかに十分な合意が形成されていないところに，主観性批判が生まれているのです。ハイステイクスな入学試験の評価対象として，「態度」項目を評点化することには慎重になるべきではないでしょうか。

　第5章や第7章においては，これらの内申書問題への示唆として，地域共通の評価規（基）準の開発と合意をめざした「乙訓スタンダード」を1つのモデルケースとして紹介しました。ここで注意しておきたい点は，スタンダードづくりが地域の校長会から自覚的に立ち上がり，常に全教員によるフィードバックを通じて，画一化・形骸化を防いでいるところです。その結果として評価の信頼性と評価の妥当性が高まり，説明責任を果たし，進路先からの信頼を勝ち取ることに成功しています。このような地域単位の取り組みによって，内申書にまとわり付いていた不信の根源にある中学校間格

差問題を解決する展望を得たことは，注目に値します。

今後の課題

　以上をまとめると，内申書改革の方向性が見えてきます。当日の学力検査と内申書が求める「学力の質」の相違に基づいて，それぞれの役割を自覚すること，内申書における評価規（基）準の合意をめざして地域単位の取り組みを進めること，さらにはそれらを踏まえた新しい内申書の様式を創発することです。

　最後に，内申書を問うなかで見えてきた2つの課題を提起しておきたいと思います。

　1つ目は，**学力保障と進路保障の統一**の課題です。本書でも指摘されるように，「家庭の社会経済的背景」と「地域格差」による顕著な学力格差，学校間格差さらにはエリート選抜とマス選抜といわれる「進路格差」（朝比奈，2022）が生じているとされています。このような「格差」問題を学校教育において完全に克服することはできないとしても，学校における「わかる・たのしい授業づくり」を推進し，学校内の学力格差を縮小することを通じて「学校間格差」を縮減することに挑んだ「乙訓スタンダード」の取り組みは教訓的です。

　また，学力格差への挑戦と学力保障の取り組みに加えて，高校の特色化・多様化が高校の序列化を招き，不本意入学者を増加させないために，進路指導（最近では，キャリア教育）を通じて進路保障の取り組みを重視することが必要です。そのためには，「学ぶことと自己の将来とのつながりを見通しながら，社会的・職業的自立に向けて必要な基礎となる資質・能力を身につけていくことができるように」（文部科学省，2011），全教育活動を通じて進路指導を行うことが明記されています。

その中学校段階における職業的（進路）発達課題として，「肯定的自己理解と自己有用感の獲得，興味・関心等に基づく職業観・勤労観の形成，進路計画の立案と暫定的選択，生き方や進路に関する現実的探索」（文部科学省　国立教育政策研究所生徒指導・進路指導研究センター編，2016）が挙げられています。中学校での進路指導においては，将来の職業への豊かな展望を語るべきであるし，さらには「受験」体験をも対象化する質をもった「学力」や「教養」の育成がはかられなくてはならないでしょう。最近の高校入試で注目されている「自己表現」「自己アピール」も，このような進路指導の成果として位置づけられ，「内申書」に記載されてよいのではないでしょうか。

　2つ目に見えてきた課題は，教師たちに求められる**評価リテラシーの育成**（田中，2023）です。明治以降，日本の教師たちが営々として築きあげてきた「授業研究（Jugyo kenkyu）」の蓄積は，今や世界に誇れるものとなっています。乙訓地域における学力格差への挑戦を支えたのは，この「授業研究」の蓄積であったと思われます。しかしながら，およそ半世紀に及ぶ「相対評価」の時代があったことから，教師たちの教職教養として，「評価リテラシー」の育成という学校文化はやや弱いように思われます。中学校教師が作成した内申書への露骨な不信や軽視も，この「評価リテラシー」の育成に弱さがあったことに起因しているといえるのではないでしょうか。

　「評価リテラシー」とは，統計的分析手法ではなく，教育評価論を機能的，批判的に読み解き，運用（再構成）する能力のことです。具体的には，乙訓スタンダード作成時に行われた，評価規（基）準を教師間で調整する「モデレーション」の場面で発揮されます。このような「評価リテラシー」を育成するためには，パフォーマンス

課題を作る経験やルーブリックを作る経験が大切になってきます（西岡編，2008）。このような「評価リテラシー」の育成に関わる専門性も教職教養の重要な部分として，将来位置づくことが必要となってくるでしょう。

　以上，本書で語られた内申書問題を整理して，改革する可能性や方向性についてまとめてみました。本書によって，入試における内申書の在り方に関する論議が起こり，深まることになれば望外の喜びです。

引用・参考文献 ────────────────────────

　朝比奈なを（2022）『進路格差──〈つまずく生徒〉の困難と支援に向き合う』朝日新聞出版

　駒林邦男（1999）『現代社会の学力〔改訂版〕』放送大学教育振興会

　田中耕治（2013）『教育評価と教育実践の課題──「評価の時代」を拓く』三学出版

　田中耕治（2023）「今求められる教師の評価リテラシーとは何か」『京都教育大学大学院連合教職実践研究科年報』第12号，109-128.

　西岡加名恵編（2008）『「逆向き設計」で確かな学力を保障する』明治図書

　文部科学省（2011）「中学校キャリア教育の手引き」

　文部科学省（2022）「令和7年度大学入学者選抜実施要項の見直しに係る予告」（https://www.mext.go.jp/content/20210729-mxt_daigakuc02-000005144_3.pdf）

　文部科学省　国立教育政策研究所生徒指導・進路指導研究センター編（2016）『変わる！　キャリア教育──小・中・高等学校までの一貫した推進のために』ミネルヴァ書房

用 語 解 説

アカウンタビリティ（説明責任）
アカウンタビリティとは，教育などを行う機関（学校など）が，ステイクホルダー（利害関係者）に対して負う責任を意味する。とくに教育費に見合う教育効果をあげているかについて問われることが多い。しかしながら，教育にアカウンタビリティ概念を適用することには批判もある。

アドミッション・ポリシー
各学校・大学が自らの教育理念や特色などに基づいて設定する，入学者受け入れ方針のこと。入学者に求める資質・能力や，それを見取ることのできる選抜方法を明らかにすることによって示される。

開　示
法律用語で，他人に，物または事柄の内容，性質，数量等が明らかにわかるように示す，見せることを指す。

学校間接続
中学校と高校等，異なる学校種間の関係のことである。上の学校種への移行を円滑にするために，学年区分や教育課程，入試，教育方法等を調整して，学校種間のギャップを小さくすることが試みられている。

課程主義
明治初期には，進級・進学に際して，一定の課程を習得したことをもって進級したと認定する課程主義が取られていた。今日の日本の義務教育においては，学年進行にともなう自動的な進級を認める年数主義が取られている。

観点別学習状況の評価
「観点別評価」ともよばれる。各教科・科目での子どもの学習到達状況を「知識・技能」「思考・判断・表現」「主体的に学習に取り組む態度」の３観点ごとに評価し，分析的に評価するものである。一般的にこの観点別評価の結果の総括が内申書の「評定」となる。

客観性
妥当性や信頼性が心理学の用語であるのに対して，客観性は心理学の用語ではなく，信頼性とほぼ同義で使われたり，妥当性を含んで使われたりする。一般的には，客観性とは，誰がいつ行っても評価者の主観による偏りやばらつきの影響を受けにくく，

評価者・被評価者を問わずに合理的であると判断できるような評価結果になる傾向，あるいはそのようになることを求める傾向のことを指す。

客観テスト
最も一般的に学校で使用されている評価方法であり，誰がいつ実施しても採点基準が安定している，信頼性の高い評価方法である。「正誤問題」「多肢選択問題」「穴埋め問題」「組み合わせ問題」などがある。

公平性と公正性
公平性は，すべての者を同じように扱っているかということである。公正性は，公平で偏りのない状態かという意味に加え，他の要素に影響されずに対象者そのものを評価しているかという意味でも使われる。

個人内評価
教育評価観の1つであり，この場合は子ども個人のなかに規準を据えようとするものをいう。そこには，子どもの過去の状況を規準として現在の状況を評価する「縦断的個人内評価」と，子どものなかに複数の異なる側面を想定して，その側面ごとに優劣を確認する「横断的個人内評価」がある。

指導要録
学校教育法施行規則第24条に規定されるように，教育評価に関する公簿である。指導要録には，日常の指導過程の記録を要約した指導機能と内申書の原簿となるように外部に対する証明機能の2つの役割がある。

診断的評価・形成的評価・総括的評価
診断的評価は学習の前提となる知識や経験などのレディネスを把握し，形成的評価は学習過程において習得の程度を把握するものであり，その見取りから指導改善を図ることが重要である。総括的評価は達成された学習成果を把握し，おもに成績評定を行うものである。

信頼性
信頼性とは誰がいつ採点しても同じ結果が出るのかなど，評価の精度や安定性を問う概念である。例えば，穴埋め問題や多肢選択問題では信頼性が高くなるのに対して，自由記述式の問題では信頼性が低くなりやすい。

スタンダード
評価規準（クライテリア）と対比させて評価基準（スタンダード）が使われる場合は，評価の質のレベルや水準を指す。カリキュラム設計を考える際には，社会的に共通理解された目標・評価基準（学力の観点と水準）をスタンダードという。

選抜試験と資格試験

選抜試験は，受験者の学力を序列化し，上から順に定員内に入った者のみを合格とする試験である。他方，資格試験は，自動車運転免許試験のように，一定水準以上の学力をもつと認められる者を全員合格とする。

相対評価と絶対評価

集団内での相対的な位置によって実態を把握することを相対評価という。絶対評価は，狭義には，絶対者としての評価者による恣意的な判断に基づく評価である，戦前の絶対評価（認定評価）を指す。ただし，絶対評価という言葉は相対評価の対概念として使われることがあり，その場合は，認定評価・個人内評価・目標に準拠した評価などを含む。

妥当性

評価課題や方法が，評価したい能力や技能を適切に評価できているかを問う概念である。例えば，子どもの短距離の走力を評価する際，400m走よりも50m走を計測するほうが妥当性が高いといえる。

通知表

学校での子どもの学習や生活の状況を保護者に連絡し，家庭の理解や協力を求める目的で作成される。作成の有無，様式，内容，名称等はすべて学校（校長）の裁量で，指導要録と異なり法的根拠はないが，指導要録の評価方法や観点等に基づいて作成されることが多い。

内申書（調査書）

学校教育法施行規則第90条において，「高校入試において調査書と学力検査の成績を資料として選抜する」とされている。この調査書のことを通例「内申書」と呼び，内申点とはとくに教科学力の評点を意味する。

ハイステイクスな評価

関係者にとって利害関係の大きい評価のことである。例えば，評価の結果によって，個人の将来の進路が決定したり，予算配分の金額の増減が規定されたりする場合などが想定される。

パフォーマンス評価とパフォーマンス課題

パフォーマンス評価とは，知識やスキルを状況において使いこなす（活用・応用・総合する）ことを求めるような評価方法の総称である。パフォーマンス課題とは，複数の知識・スキルを総合して使いこなすことを求めるような複雑な課題を指す。

評価規準と評価基準

「目標に準拠した評価」の評価尺度として「規準」と「基準」が日本では区別して用いられている。規準は，「比例関係の表やグラフを読むことができる」など，到達すべき目標を表す。基準は，その目標にどの程度到達しているかを示す尺度を指し，通常，A（十分に満足できる），B（おおむね満足できる），C（努力を要する）の3段階に分けられ，判断される。

評価と評定

評価とは，さまざまな規準に基づいて子どもたちの学力や能力をはかることであり，そのはかられた内容を数値化することを評定という。内申書では，とくに教科学力を数値化した評定を評点（内申点）と称している。

ポートフォリオ評価

学習者の作品や自己評価の記録，教師の指導や評価の記録などをファイルなどに系統的に蓄積したもの（ポートフォリオ）をもとに，教師や子ども自身が学習活動やそのプロセスを評価することである。

目標に準拠した評価と到達度評価

何を規準として評価するのかについて，教育評価観は異なる。目標に準拠した評価は，客観的で明示的な教育目標（例「鎌倉幕府のしくみがわかる」「掛け算の意味がわかる」等）を規準とする評価である。到達度評価とは，この教育目標をすべての子どもたちに保障すること（学力保障）を強調する立場である。

モデレーション

複数の評価者が同じ成果物に対して行った評価の結果を比較・検討し，結果を調整したり評価基準の共通理解を形成したりするプロセスのこと。評価の比較可能性（評価の統一性）を高める目的で行われる。

ルーブリック

パフォーマンスの成功の程度を1～5やA～Cなどのレベル別に捉える尺度と，パフォーマンスの特徴を捉える記述語から構成される評価基準表を意味する。それぞれのレベルに対応する典型的な作品（アンカー作品）を添付しておくとよい。

索　引

240

内申書を問う——教育評価研究からみた内申書問題

Questioning School Progress Reports: From the Perspective of Educational Assessment Research

2024 年 6 月 25 日 初版第 1 刷発行

編　者	田中耕治・西岡加名恵
発行者	江草貞治
発行所	株式会社有斐閣
	〒101-0051 東京都千代田区神田神保町 2-17
	https://www.yuhikaku.co.jp/
装　丁	堀由桂里
印　刷	萩原印刷株式会社
製　本	牧製本印刷株式会社
装丁印刷	株式会社亨有堂印刷所

落丁・乱丁本はお取替えいたします。定価はカバーに表示してあります。
©2024, Koji Tanaka, Kanae Nishioka.
Printed in Japan. ISBN 978-4-641-17497-9